U0111850

大展好書　好書大展
品嘗好書　冠群可期

大展好書　好書大展
品嘗好書　冠群可期

格鬥術 6

# 美國精銳部隊搏擊術

王紅輝　編著

大展出版社有限公司

# 前言

美國特種部隊是極具戰鬥力的精英作戰部門，依託名目繁多的部隊設置、高素質的兵員、龐大的軍費開支、先進的武器裝備、全球化的作戰視角與部署、精湛的專業技能、豐富的實戰經驗向世界展示著他們的作戰能力。

美國特種部隊成立以來，無論美國的戰火燃向哪裡，他們就會出現在哪裡，他們已經成為美國扮演世界員警角色的一把銳利的「軍刀」。正如美軍特種部隊司令斯蒂納上將說：「在當今複雜的多極世界裡，特種作戰部隊是執行美國全球性戰略的最理想的工具。」

美國的特種部隊為了國家利益及完成各種特殊任務，想方設法地用各種手段進入戰場或潛入敵後，透過突然襲擊的方式，奪取和破壞敵方重要目標，殲滅小股敵軍，破壞敵方交通線，營救己方被俘人員，建立秘密組織等。猶如插在對手心臟的一把利刃，給對手造成重大損失。

從美國特種部隊在歷次執行任務的情況來看，雖然特種部隊都配備有各種高精度的現代化武器，但軍

事上的徒手格鬥是純軍事技術發展中不可或缺的一個組成部分。

徒手格鬥仍然是美國特種兵必須掌握的制敵技術。因為他們在執行任務時，有可能由於武器失效、彈藥用盡、環境不允許出現聲響或逃逸及掙脫時，需要以徒手與敵人格鬥。為求得生存，美國特種兵就需要在其身體利用方面進行充分的訓練。這些肢體武器使用方便，永不離身。若肢體武器使用得當，就可阻擊進攻者，並令其當場斃命。

越南戰爭以後，美國的特種部隊將格鬥術列為主要訓練項目，他們也吸收一些社會上的格鬥高手加入到自己的行列。因而美國的大部分頂尖高手都來自特種部隊，例如，曾七次獲得國際空手道賽事冠軍的搏擊名將查克‧羅禮士、「美國自由搏擊運動之父」喬‧路易斯、奧克蘭海軍陸戰隊格鬥教官蓋瑞‧迪爾、「綠色貝雷帽」格鬥教官布萊斯‧龍、被稱為美國第一自衛術高手的約翰‧帕金斯、最著名的反恐專家凱力‧邁可恩、著名的保鏢和好萊塢動作指導湯姆‧穆茲勒、著名自衛術專家艾爾‧瑞登豪爾、2006年《黑帶》雜誌評選的街頭格鬥王之一勞倫‧克里斯泰森等都在特種部隊服過役。看來，美國的特種部隊還真是個出搏擊高手的好地方。

美國精銳部隊徒手格鬥術的最大特點就是簡捷直

接、高效速成。因為美國精銳部隊訓練的科目眾多，特種兵接受的格鬥術培訓的時間通常侷限於較短的一段時期之內，所以他們竭力從較短時間的培訓中取得最大收益。

因為美國精銳特種兵使用的搏擊術是經過生死關頭的實戰檢驗，符合生存格鬥的需要，所以這種格鬥術對於自衛術愛好者來說極具吸引力，他們渴望在短時間內練就美國特種兵那樣的身手。

為了使讀者在圖書的指導下學習到純正的防身格鬥術，我們將美國精銳部隊格鬥術的技能和訓練方法介紹給大家，希望對學練者有所幫助。

無論你有無搏擊術基礎，只要按照本書介紹的方法進行練習，就可以在短時間內提高你的格鬥能力。本書介紹的格鬥術極具威力，往往一擊就能使對手傷殘。當你使用本書介紹的格鬥術時，要充分考慮使用的時間、場合和條件，在不違反法律的前提下，做到有理、有節地使用。

# 目　錄

# 第一章

# 美國特種部隊格鬥術概述

## 第一節 美國特種部隊格鬥術的起源與發展

世界上大多數國家都有自己的特種作戰部隊，但毫無爭議，美國的特種部隊是最優秀的特種作戰部隊之一。美國的特種部隊是美國快速反應部隊的重要組成部分，是當今世界上規模最大、組織最完善、裝備最精良、戰鬥力最強的特種部隊。

美國特種部隊自成立以來，無論美國的戰火燃向哪裡，他們就會出現在哪裡，他們已經成為美國扮演世界員警角色的一把銳利的「軍刀」。

雖然美國各個特種部隊都配備有各種高精度的現代化武器，但徒手格鬥始終被認為是一名特種兵戰鬥能力的基本組成部分。

格鬥訓練是美國特種部隊訓練的項目之一，每個特種兵都必須掌握高超的格鬥技術。因為特種兵在執行任務時有可能遇到槍械失靈、子彈用盡，或者進行悄無聲息的行動，或者進行逃脫、掙脫，需徒手對敵。

另外，在抓捕犯罪嫌疑人時，特種兵需要實施把對

手頭部鎖定或關節扣鎖的技術。在這些情況下，都需要掌握並運用徒手格鬥技術。

在美國的軍事訓練中，最先對徒手格鬥技能操練給予高度重視的軍隊教官，是一位叫科洛奈爾‧雷克斯‧阿普爾蓋特的人（1914—1998）。

阿普爾蓋特1914年6月21日出生於俄勒岡州，他青年時期在其叔叔格斯‧佩雷特的教導下成為一名熟練的神槍手和獵手。1940年，阿普爾蓋特畢業於俄勒岡大學，獲得商業管理學位。作為一名預備役軍官培訓隊的成員，他被美國預備役軍隊授予了少尉軍銜。由於他是一名格鬥高手，他被分配到了209軍事員警隊。

他於1941年隨軍警隊參加了第二次世界大戰，第二年，他就協助建立了近身格鬥的培訓學校，他的三本書《殺人或被殺》《鎮壓騷亂》《偵察巡邏》成為軍事格鬥術的經典之作。

在第二次世界大戰期間，美軍就把英國人菲爾班的格鬥術基本要領引進到他們的徒手訓練中。徒手格鬥對於搜索情報及從事偵查的美國特種兵來說十分重要，因為他們需要經常喬裝成其他國家的人在納粹佔領區執行任務，為了安全通過德國檢查站，他們無法攜帶槍械，因此必須掌握一定的徒手格鬥技術。在這種背景下，美軍接受了菲爾班及其訓練員的格鬥術培訓。

第二次世界大戰期間「魔鬼旅」的近身格鬥教練德莫特‧派特‧奧尼爾是菲爾班的得意弟子。20世紀30

年代，奧尼爾在上海租界警察局當偵探期間，跟隨菲爾班學習近身格鬥術，後來他將此技術傳授給美國一些特種兵。

美國海軍陸戰隊凱利中士不僅隨菲爾班學習近身格鬥技術，還接受了奧尼爾的格鬥術培訓。美國海軍陸戰隊格鬥教官安東尼‧比德爾也曾接受過菲爾班的格鬥術指導，他又將其格鬥技藝傳授給約翰‧斯塔爾斯和查理斯‧納爾遜。納爾遜還跟隨美國海軍陸戰隊凱利中士學習了格鬥術。約翰‧斯塔爾斯和查理斯‧納爾遜是上下鋪的關係，而斯塔爾斯是美國海軍陸戰隊的格鬥權威之一，著名的格鬥經典教材《冷鋼》便是出自斯塔爾斯之手。查理斯‧納爾遜後來也成為美國海軍陸戰隊的格鬥教官。

第二次世界大戰結束後，查理斯‧納爾遜回到紐約，傳授自衛術達45年之久。納爾遜退休之後，他的學生卡爾‧色斯塔瑞對第二次世界大戰期間的近身格鬥技術進行了大量的研究，現在他已成為「二戰格鬥術」體系的首要傳播者。色斯塔瑞為人低調，很少出現在公眾的視野中，但這並不影響他在武術界的地位。2006年，色斯塔瑞被美國《黑帶》雜誌評為全球最偉大的20位街頭格鬥王之一。

第二次世界大戰期間，包括美軍在內的無數特種兵的生死格鬥表明，菲爾班創建的近身格鬥術簡單、兇狠、非常有效，以至於第二次世界大戰後至今，美國各

個格鬥版本的教材都帶有菲爾班格鬥技術的印跡。

儘管一些軍事格鬥專家對軍隊的徒手格鬥訓練較為推崇，但由於武器技術的發展，美國常規軍隊的徒手格鬥訓練始終受到一定的侷限。

20世紀美國的軍事技術將近距離的徒手格鬥術看成是極其多餘的部分。槍械、火炮、爆炸物、火箭、戰鬥機等都能賦予人們能力，把殺傷敵人的動作距離擴展得更遠。所以，也就使徒手打鬥的能力看上去更加原始，更加沒有必要。

正因為如此，美國在20世紀七八十年代的新兵招募工作中，很少安排新兵進行徒手格鬥訓練，或根本不進行此類訓練。

《黑帶》雜誌的執行主編羅伯特・楊說：「早在1983年我就加入了美國軍隊，我先後在布拉斯堡和德克薩斯的基地接受訓練，這些訓練比較容易，並且充滿著樂趣。訓練主要內容包括M16步槍、M60機槍、手榴彈、格雷莫瑞地雷以及輕型反坦克武器的使用等。對於一位對武器極具興趣的武術家來說，我非常樂意接受武器的使用訓練。但是，還有一件事情讓我不滿，那就是當時的近身格鬥訓練較少。當時我們只是用M16步槍上的刺刀進行了一些簡單的劈刺訓練而已，而且訓練的時間很少。當然我們也進行一點松濤空手道型（KATA）訓練，徒手格鬥訓練則根本沒有。」

儘管美國的常規部隊很少安排徒手格鬥訓練，但

是，能夠制敵於死地的徒手格鬥技能卻開始出現在美國
特種部隊的訓練中，而且這種訓練使他們大受其益。在
1963年至1973年的越南戰爭期間，美國駐越南的特種
部隊在東南亞危機四伏的叢林裡與越南的反抗者經常進
行徒手相搏。美國特種兵對越南反抗者頸部和頭部施以
一次致命性擊打就能使其立即斃命。

　　雖然美國的特種部隊都進行徒手格鬥的培訓，但對
於不同部隊而言，訓練水準通常取決於一支部隊是否擁
有格鬥高手，他們既要有教授能力，又願意費時費力去
傳授自己的格鬥術。有的特種部隊還即興從社會上邀請
格鬥高手對特種兵進行格鬥術培訓。很多特種部隊沒有
徒手格鬥的系統訓練計畫。

　　美國海豹突擊隊因為經常執行潛入、抓捕、暗殺和
反恐任務，因而徒手格鬥術比較常用。

　　1980年中期美軍高層計畫在海豹突擊隊創設一種
新的徒手格鬥體系，格鬥專家傑瑞・皮特森受命來開發
這個體系。接到任務後，皮特森對多種武術理念進行了
認真的探索，並將其中精華吸收到自己的武術體系裡。
隨著格鬥訓練的深入和實戰經驗的積累，一般實用性的
格鬥基本法則和思想開始在皮特森的頭腦中形成。

　　皮特森將其為海豹突擊隊創立的格鬥術稱為「特種
格鬥攻擊反應體系」，簡稱「SCARS」體系。經過6個
月的測試和5年的特種部隊指導實踐驗證，SCARS體系
足以使海豹突擊隊員應付可能遇到的所有徒手格鬥局

面。

美國海軍陸戰隊的高層充分意識到格鬥術系統的重要性，因此在 1999 年計劃在部隊開設一種新的徒手格鬥課程。這一課程要把各種格鬥體系中的精華融合在一起。黑帶高手里科南・漢德森和查德・歐文斯擔當了此重任。

課程是在 2000 年設置完成的，它比過去所有的軍事格鬥技術都要先進，MACP（美國海軍陸戰隊格鬥教程）格鬥技術和原則是相當不錯的，過去傳統意義的「擊倒」已經被稱為 EDIP 的格鬥理論所代替。

EDIP 是指先向隊員們解釋並做出這些技術動作，然後用密集的訓練模擬格鬥過程，以此進行抗疲勞和心理壓力訓練，鍛鍊隊員的反應能力和生存意識。

2003 年，美軍的訓練指導思想發生了重大變化，後來的新兵必須接受 MACP 訓練。這種訓練體系是由一些實用高效的亞洲格鬥術組成的，同時包括戰場刀法以及武器防禦技術。

MACP 是由 43 歲的武術學者馬特・拉森創造的。要知道他是如何與這種軍用格鬥術聯繫起來的，需回顧到 1984 年。

當時，拉森加入了美國海軍陸戰隊並被派遣到亞洲，他的第一站是日本東京。他在那裡練習了兩年柔道和松濤空手道。在離開軍隊後，拉森對格鬥術做了一些研究，並且向艾如・西馬布庫如學習格鬥術。後來，他

又被派遣到泰國，在那裡他打了幾場泰拳比賽，然後就去了菲律賓，學習菲律賓武器格鬥術。

在海軍陸戰隊待了4年半後，拉森享受了3年的平民生活。然後他又加入了陸軍特戰營，在那裡待了6年。在薩凡納附近的基地有一個人在教授跆拳道和合氣道，另外還有人教忍術，而拉森就和他們一起訓練。當他駐紮在華盛頓的路易士堡時，他又和布德‧托里尼一起訓練。

托里尼主要從事柔道、花朗道、實戰韓式合氣道的教學工作。拉森的武術經歷很豐富，他還接觸過踢拳道、柔道和巴西柔術。他們不斷地探索其他武術及武術理念，並將其中的精華部分吸收到自己的武術體系裡。拉森說：「但是，我們還必須認真分辨哪些技術簡單實用，哪些技術不適合戰場搏殺。」拉森不斷地對自己創建的格鬥體系進行完善，直到它能夠適應士兵打鬥的需要。隨後，這種軍事格鬥體系在路易士堡得到了驗證，這套軍用格鬥術終於成熟起來。

拉森後來被調到特種兵學校，他逐漸明白了自己所面臨的侷限。士兵的格鬥訓練時間有限，因此他們無法系統學習所有的技術。

他說：「相反MACP則是用最基本的技術來使受訓者掌握格鬥原則和方法。這些基礎技術也會用一些高級技術來進行強化，而且這些訓練可以在士兵的職業生涯中使他們增強自省能力。」

　　MACP之所以有效，是因為這種訓練從來不拘泥於某種特定的目標。「相反，我們教會士兵如何找到完成目標的方法。」這種軍事格鬥術的基礎訓練與民間的格鬥術訓練沒有太大區別，主要包括拳法、腿法以及膝法，如何進行扭鬥，如何摔倒敵人，在地面打鬥時如何控制對方等等。

　　軍隊徒手格鬥培訓的內容就是：學會如何用自己的雙手殺死敵人，或使其致殘。但是今天的士兵生活在一種形勢複雜、令人疑惑的環境之中，他們又常常被派去執行一些特殊任務。例如控制民事騷亂，參加維和行動，逮捕戰爭犯罪嫌疑人等。在這些情況下殺傷技術就不適應了，因而擒拿遏制技術正在成為不可或缺的基本組成部分。

　　徒手格鬥訓練在美國特種部隊士兵訓練日程中占很小的比重，因為並沒有多餘的時間，無法把它安排到擠得滿滿的培訓日程表中，更加優先考慮的是特種部隊所要求的其他許多訓練。

　　特種部隊很可能必須精通大範圍的技能，如他們要進行解救人質訓練，使用外軍武器訓練，叢林生存訓練，跳傘訓練，破壞敵軍設施、通信訓練，醫療救護訓練，搏鬥潛入訓練等等。除此之外，特種兵還要應付突圍逃生測試以及殘酷抵抗和審問訓練，以便在敵人防線後或敵對環境下執行特殊作戰任務。

　　對於特種部隊而言，他們的時間太寶貴了，因

為他們整天都在連續不斷、沒完沒了地進行軍事訓練。因而美國的某些特種部隊，如美國的海豹突擊隊（SEAL）、美國綠色貝雷帽部隊（Green Berets），徒手格鬥培訓的時間都是非常短的，通常在六週或更短的時間之內就結束。儘管訓練的時間短，但特種兵能從有限的培訓中獲取最大收益。其科學的訓練方法很快使受訓士兵功夫上身，練就良好的格鬥能力。

## 第二節 美國特種部隊格鬥術的特點

特種部隊格鬥術是純軍事技術發展中不可或缺的一個組成部分，它是從戰場格鬥技術中脫胎而來的，其實效性是經過生死關頭檢驗的，因此受到越來越多人的喜愛。現將特種部隊格鬥術的特點介紹如下：

### 第一，重視精神與心態的培訓。

在徒手格鬥中，士兵所擁有的最具殺傷力的武器，就是他的大腦。其靈活的思維及反應能力是制勝的關鍵。

曾經的美國特種部隊戰士湯姆・穆茲勒說：「如果想在格鬥中取勝，先決條件便是敢於直面死亡，能夠正視自己的恐懼和不安。否則，在格鬥場上，他們就不能發揮自己的最大潛力，不會表現出最好的競技狀態，從而很難取得最佳戰果。他們的思慮常常被一些雜念所干擾，並因此而表現得心神不定，惴惴不安。」

　　士兵必須要開發自己的頭腦，訓練自己的心理素質和反應能力。他必須毫無恐慌地於一瞬間做出反應，從而在格鬥中淋漓盡致地實施攻擊防守。

　　美國特種部隊教官要求學員們必須具有堅強的意志、堅忍不拔的精神，具有將生死置之度外、視死如歸的心理，以及全力以赴、勇於拼搏的作風。教官要求，無論在技擊訓練中，還是在搏擊訓練中，都應把對手當成真正的敵人，要保持猛虎下山、撕碎一切的「獸性」心態。只有這樣才能以精神為統帥，調動全身各部，發揮最大效能，並可克服恐懼、焦慮和急躁情緒，保持自己旺盛的戰鬥力和戰鬥情緒。

## 第二，簡單易學，效果突出。

　　美國特種部隊格鬥術動作高效速成、易學易用。它的技術是根據人體的自然反應設計的，在打鬥條件下更易於使用，並且僅需短期訓練即可形成反射性動作。雖然特種部隊培訓的時間非常短，但效果驚人，其科學的訓練方法使隊員能很快地掌握常用的格鬥技巧。

　　美國特種兵主要學習一些簡單易學的技術動作，並反覆練習一些在打鬥中憑直覺就可以完成的簡單技術，因為這些技術動作在壓力下也很容易發揮出來。要確保所學技術簡單直接，並除去一切華而不實的東西。要使用離敵人最近的部位來進行攻擊，並且忘掉技巧與優雅。

事實上，當士兵與敵人進行生死搏殺時，他會因腎上腺素分泌的激增而感到恐懼和驚慌，直接導致運動機能的降低。這就意味著以往學過的複雜的打鬥技術很難實施，他的格鬥則只能靠自身的本能控制。

為了使士兵在巨大壓力下發揮出極具威力的技術動作，那麼培訓時就務必令士兵明白：敵人身體上易受攻擊的要害部位有哪些，士兵身體哪部分可用作武器來攻擊敵人。士兵與敵人打鬥時，要充分利用他的身體武器，儘量地給敵人的身體造成最大傷害。為達到這一目標，士兵要快捷兇狠地猛擊敵人的要害部位，儘量做到一招制敵，不能期待有第二次機會。

## 第三，格鬥訓練以實用為本。

特種部隊格鬥術是沒有固定架式、隨心所欲的綜合搏擊術，換句話說，就是沒有成套和神秘的招數，沒有對特定的攻擊做預定的反應，沒有按照程式化設計的技巧。實際上，想要有效地發揮程式化的技術是很困難的，速度、無序、混亂等這些和真正打鬥相關聯的因素導致程式化的技術根本難以派上用場。

記住，所有殘酷的搏殺，都是沒有規律的，因此程式化的訓練並不能替代真正的實戰練習。程式化的動作只是作為學習的工具，而不是最終目的。這不是推測，而是被無數格鬥專家的經歷所證實的。那些擁有各種不同武術流派高段位的教官認為，當遭遇心毒手辣的暴徒

時，受傳統模式訓練的人將難以打敗對方。

傳統的訓練往往是瀟灑的、配合的和可預見的，但真正的格鬥卻是醜陋的、危險的和雜亂無章的。碎石斷磚、華麗的高踢和下劈腿都令人羨慕，造詣也很高，是值得稱讚的打擊技巧，但是它們有一個共同點就是實用性不強。很多訓練傳統武術的人都認為格鬥術和武術沒有區別，這造成他們的打鬥理念和訓練都與打鬥的實際情況脫節，在危險來臨時，往往茫然失措，付出慘重的代價。

美國特種部隊格鬥術要求士兵穿上執行任務時的軍裝進行近似實戰的訓練。事實上，士兵在整個訓練過程中都會感到難受，因為訓練都是在近似真實暴力衝突的危險環境中進行的。

在夜間進行訓練、在泥濘的地面上進行訓練、在冰天雪地中穿著笨重的衣服進行訓練，而且有時士兵在饑渴交加、疲憊不堪的狀態下還要進行格鬥訓練。這些訓練能促使訓練者積累實戰經驗，使其格鬥水準迅速邁向一個新的臺階。

## 第四，不擇手段。

格鬥比賽是為了看看誰能在相對公平的情況下表現突出，而軍事上的格鬥則是你死我活的打鬥。軍事上的格鬥首先要看的是誰能夠以最詭詐的方式運用自己的武器，傷害或削弱對手，從而將其制服或使自己逃脫。

特種兵與敵人打鬥時，根本就不存在按規則比賽那碼事兒。所以說，隊員應該忘掉所謂「公平競賽」的說法，只要能夠讓自己安全，可以採取任何方法；在更嚴酷的情況下，要竭盡全力，不惜一切代價。

在比賽中，強者會獲勝；在軍事格鬥中，不擇手段的人更有優勢。

美國特種兵在格鬥時首先要記住的一點是，為取勝而做各種可能做的事情。勒夾敵人的咽喉，頭撞敵人的面門，踢踏敵人的襠部，撕咬敵人的耳朵。運用那些在比賽中被禁用的技術，而且要先於敵人做出這些動作。除應用自己的肢體武器進行搏殺外，也應充分利用身邊的物品作為武器來搏殺，如沙石、磚塊、樹枝等等。

另外，除了強鬥之外，智鬥也必須強化。與敵人對峙時，欺騙是一種很好的防身方法。永遠不要給你的對手任何暗示，否則你的動作就會變得無效。

## 第三節　美國軍用格鬥術創始人馬特‧拉森談戰場格鬥術

馬特‧拉森是美國著名的軍事格鬥專家。1984年拉森參加了海軍陸戰隊，接受了很多格鬥訓練和反恐怖訓練。為了獲得最合適的格鬥技術，他先後學習過柔道、松濤空手道、泰拳、菲律賓格鬥術、跆拳道、合氣道、忍術、花朗道、踢拳道、巴西柔術等格鬥術。

馬特‧拉森把多種格鬥技術的優點和特長融合起

馬特·拉森

來，創建了現代軍用格鬥術體系（MACP）。經過在路易士堡的實踐證明，MACP體系完全可以用以應付士兵可能遇到的幾乎所有的徒手搏鬥局面。

馬特·拉森曾接受美國《黑帶》雜誌專訪，回答了一些關於軍用格鬥術的問題。

《黑帶》：在您創立美國軍用格鬥術之前，美國軍隊是怎樣進行格鬥操練的？

馬特·拉森：受古希臘鬥劍傳統的影響，美國早期的軍用格鬥技術更傾向於將重點放在對武器、器具的利用技藝方面。美國軍隊最早的格鬥教程是喬治·邁克可力蘭在1852年翻譯自法國的刺刀格鬥術（刺殺術）。刺刀訓練作為一種軍事傳統，在美國戰鬥技能中擁有重要的地位。在美軍的《戰鬥訓練手冊》中，近身格鬥與步槍刺殺訓練是兩大主要內容，因為刺刀是一種應用廣泛的武器。一個訓練有素又有殺氣的士兵，他的刺刀會令敵人心驚膽寒。士兵應該掌握刺刀的運用訣竅，增強實戰能力。刺刀的訓練能增加一個士兵在戰鬥中倖存和完成任務的機會。

《黑帶》：那後來為什麼這種刺刀格鬥術又被棄用

了呢？　此後軍方又是怎樣訓練近身格鬥術的？

　　**馬特・拉森：**美軍理論上重視刺殺訓練，實際上在現代戰爭中，刺刀的作用越來越小，據美國國防部公佈的美軍檔案顯示，美國陸軍最後一次大規模使用刺刀衝鋒戰術，是在20世紀50年代的朝鮮戰場上，海軍陸戰隊這個戰術的最後一次運用是在越南戰爭期間。近幾十年刺刀在戰場運用得非常少，因而刺刀訓練逐漸被冷落。

　　2010年軍方正式宣佈不再繼續進行刺刀格鬥訓練，同時被取消的還有五公里越野訓練，而以「Z」字形短距離全速衝刺練習代替。這是軍方在總結阿富汗、伊拉克戰爭經驗後做出的重要訓練調整。

　　事實上在很早以前，刺刀格鬥便被一些像棍棒格鬥術一樣沒有太多技術含量且易學易用的格鬥術所替代。後來，有人將柔術引入到士兵的格鬥操練課程，但柔術訓練體系稍顯複雜，士兵缺乏足夠的時間與耐心來系統地掌握這種技術。因此，柔術一直都沒能夠成為軍隊專用的格鬥術。而那些沒有什麼技術含量的格鬥術一直被軍隊沿用著，直到第二次世界大戰。

　　在第二次世界大戰期間，很多精通格鬥的人進入軍營，他們有的在軍隊服役，有的是在軍隊中教授格鬥術。當時傳授的格鬥術大多是「格鬥72式」之類。這類格鬥術現在被稱作「終極格鬥術」。它是一種混合武術，從各類武學的原始形式中吸取了諸多精華。從技術

角度上說，所有綜合格鬥術的風格都是相似的，因為它們都結合了站立搏擊與地面技巧，攻擊與纏鬥技巧，並且更強調基於現實環境的打鬥。

倘若一位不懂格鬥的高層想讓部隊學習格鬥術的話，他就會去找一位格鬥高手，然後告訴他：「你可以帶領士兵進行10到15個小時的格鬥訓練。」為了使士兵儘快掌握一定的格鬥技能，教練需要傳授一些在格鬥中靠本能就能用得上的格鬥術。

而此種短訓的後果就是，在上課的時候，學員會覺得這些技術很實用，但是在課後，他們就再也不會練習這些技術了。過了幾年之後，一旦進入實戰，遇到身高、體重都佔優勢的對手，便怎麼也發揮不出以前練過的那些動作和招法。

世界上的任何一種格鬥術之所以實用，是因為練習者透過不斷地重複練習，讓最有效的格鬥方式成為人的本能性反應。世上的格鬥術根本沒有什麼秘笈，那種讓你隨便學一學就能成為高手的言論只是嘩眾取寵而已。刻苦的訓練才是獲得格鬥能力的保證。如果在一次格鬥術課後你不再訓練，你是永遠不能成為格鬥高手的。

《黑帶》：第二次世界大戰之後的軍用格鬥環境又是怎樣的？

馬特‧拉森：在朝鮮戰爭前夕，美國在招募新兵時，根本就不安排新兵進行徒手格鬥訓練——人們大概

認為那種訓練根本就沒有必要。在越南戰爭前夕,普通士兵的格鬥訓練也是極少的。雖然特種部隊開始重視格鬥術訓練,但是普通士兵仍然對格鬥術知之甚少。此種狀況一直持續到現代戰爭期間。

伊拉克戰爭的實踐證明了戰場上格鬥技能的運用是很廣泛的。很多士兵在偷襲戰中施用了徒手格鬥術,向敵方發起出其不意、悄無聲息的攻擊,這種在敵人領地上突發的出乎意料的遭遇戰,徒手格鬥術往往可收到絕佳的效果。

現代軍用格鬥術體系與傳統格鬥術的不同之處就是,現代軍用格鬥術(MACP)是一種在任何情況下都能有利於戰場搏殺的格鬥系統。這種格鬥術如此有效的原因之一是,它也在透過不斷地發展來應付那些會真正危及生命的挑戰。

MACP也強調要不斷加入最好的技術和訓練方法,並且用士兵的實踐來對技術進行驗證。雖然具體的技術可能會不斷地改良,但是相關的搏鬥和訓練原則卻被長期傳襲下來。

《黑帶》:在以前您曾經說過, MACP的重點雖然不是技術,但是在訓練時還是必須從技術開始,這句話應如何理解?

馬特‧拉森:我們會向學員傳授訓練方法,而我們傳授訓練方法以及打鬥訣竅的方式就是從教授技術開始

的。從培訓的過程來看，技術是很重要的。但最終我們不會在意應該如何防守對方的腿法攻擊，我們所要做的是應該如何讓對方無法使用腿部實施攻擊。

《黑帶》：如果普通民眾也想練軍用格鬥術，他應該如何著手？

馬特·拉森：我會推薦他去那些傳授自衛術的武術學校進行學習。

美國的武館傳授的格鬥術不像大多數項目那樣規矩多、訓練繁瑣複雜、實用性不強。比較而言，美國武術界看重的是在實戰情形下，用無規則的動作戰勝對手的格鬥術。因此，在武館裡面也許可以學到與我們的軍用格鬥術（MACP）相似的技術。

《黑帶》：您是否也想創建一個遍佈全國的武術組織？

馬特·拉森：是的，我的確想建立一個龐大的武術組織，真正切實地致力於發展實戰格鬥術，並將之傳遍全國，但是，我們現在的主要任務是向士兵傳授戰場格鬥術，因此，我目前還無暇去建立自己的武術組織。

《黑帶》：從軍隊中退役的士兵有沒有能力向平民傳授軍用格鬥術？

馬特·拉森：美國軍隊訓練科目繁多，但大多數

隊員似乎更喜歡格鬥訓練，因為很多人都要從軍隊中退役，士兵退役後仍要走向社會，由於美國的治安狀況並不盡如人意，所以在美國很多人都會去學自衛術。而士兵，特別是特種兵大多數都精通格鬥術，他們退役後會與當地的武術學校聯繫，擔任格鬥教練，一些退伍士兵甚至會創建自己的武術學校。如果實施得當，軍用格鬥術（MACP）會讓他們領悟格鬥術的真諦。如果士兵在軍隊中進行過系統的格鬥術學習，隨著訓練時間的推移，士兵會成為實戰格鬥的行家裡手，他們當然有能力成為一名合格的格鬥術教練。

《黑帶》：假設一下，如果一個士兵服役四年，並且進行了系統的軍用格鬥術訓練。那麼，如果與一個跆拳道黑帶進行實戰的話，這名士兵會如何？

馬特・拉森：這主要看運用何種格鬥規則。在運用跆拳道的規則較技時，士兵肯定會失敗。但是倘若在無限制的格鬥環境中，士兵會表現得很好。

軍用格鬥術的直接目的是作為解除對手戰鬥力、傷殘甚至殺死對手的搏擊格鬥手段。實戰在某種意義上是性命相搏、你死我活。在戰鬥或其他形式的暴力衝突中格鬥手段可以無限制地運用。在格鬥技術中充滿了戳眼、撕咬、扼喉、攻擊睪丸，反關節致人脫臼，以及攻擊要害部位使人麻痹、劇痛或斃命。

而跆拳道比賽是在規則限制下發展而成的，真正實

用的格鬥技巧在跆拳道比賽中恰好又被規則所限制。跆拳道等比賽項目的訓練可以讓你的技術不斷提高，如果你的目標是參加比賽的話。

《黑帶》：您對於那些實用性強的格鬥術如何看，您認為在武館裡學習的格鬥術對於真正的實戰而言有何作用？

馬特‧拉森：我們很多人都在武館裡訓練過，但是真實的格鬥只會發生在真實場合。室內訓練的主要目的是提高你的技術水準，與實戰格鬥是有距離的。如果你沒在混亂的環境中訓練過，你就不可能在混亂的環境中進行戰鬥。

要想使自己學習的格鬥術具有實用性，在訓練時，還要考慮到衝突中的各種因素，包括空間的限制、具體的環境、不同類型的對手。因而學習格鬥術的人不但要在室內進行訓練，還要在真實的環境中進行模擬實戰訓練，在那裡你能為真實的格鬥做好準備，變得更能適應周圍的環境。

《黑帶》：您能再詳細說一說格鬥場合的實際情況嗎？

馬特‧拉森：在實戰中，我們面對的更多的是嚴重的傷害或者是殘殺，而不是比賽的金腰帶。真實的打鬥恐怖殘忍，是一個人毀滅另一個人的事情。它意味著一

個人用匕首猛刺對手的身體，意味著一個人摳掉對手的眼珠，意味著在對手倒地以後，攻擊者更加兇殘地踢擊對手的頭部。這在相對公平的比賽中是不會出現的，但是在戰場格鬥中卻是家常便飯。

多數一對一的實際徒手打鬥時間很短，一般在5秒鐘內結束戰鬥。很少有沒完沒了地像師兄弟較技那樣的打鬥場面。那種組織嚴密的戰略戰術，競技般指東打西的格鬥方式在真實的打鬥中幾乎沒有。

敵人攻擊你時，他所出的第一擊肯定是他拿手的重招，第一招過後，他一般會用擺拳去猛擊你的頭部；緊接著，他還會以同樣的方式對你狂攻，用相同的拳，相同的打法；然後，他還會更加猛烈地攻擊，不給你任何喘息之機，瘋狂地破壞你的防線。所以說，實際打鬥總是這樣迅猛、簡捷。

**《黑帶》：那麼您是如何讓訓練更加接近實戰呢？**

馬特‧拉森：練習格鬥術的很大一部分人，在平時訓練中其技術水準達到了很高的境界，然而當遭遇真正的暴力衝突時，以往學習的技術根本難以派上用場。究其原因，最主要的是沒有在接近實戰的危險情境中進行過訓練。因為真實打鬥的環境與比賽是有區別的。我在對學員進行自衛格鬥術訓練時，讓他們親身經歷這些暴力場面，盡量去理解那種概念和邏輯。

軍事上不可能存在純粹的空手對空手的搏鬥，大多

數打鬥都涉及武器的使用，為了訓練攜帶武器的格鬥方式，我們用10萬伏特的電擊槍代替有刃的武器。在訓練中，我們會讓訓練班裡的某個學員暗藏電擊槍，但是其他學員並不知曉。

在對練時，如果他能夠尋找機會拿出武器實施攻擊，那麼他的對手就必須謹慎應對。我們都知道，實戰格鬥的關鍵是要將對手的手臂控制住，使他不能騰出手掏出武器攻擊你。另外一個重要的問題是，你應該強化自己的抗擊打能力，以防止被對手打暈，下巴、腹部等部位都要進行相應的抗擊打訓練。

《黑帶》：軍用格鬥術（MACP）訓練是否也包含了實戰比賽呢？

馬特‧拉森：是的，比賽是一種絕佳的訓練方式。透過比賽使學員將自己學到的技巧和戰術充分運用到實戰中去，提高學員的實戰應變能力，積累實戰經驗。只有少數人會自發地強迫自己堅持不懈地苦練。因此，需要用比賽來激發他們的訓練熱情。從這個角度來看，比賽可以讓士兵不斷地提高格鬥能力。

《黑帶》：在比賽中有沒有規則的限制呢？

馬特‧拉森：在比賽中，我們既要使學員受到真實的訓練，同時還要盡力保護比賽雙方的安全。因此，我們也制定了一套規則。軍用格鬥術（MACP）比賽分為

多種形式，在初級階段是纏鬥比賽，主要應用摔跤技術和控鎖技術。

在四分之一決賽中，是綜合格鬥技術比賽，我們用的規則更像是希臘拳擊角力規則。你可以用手掌打擊對方的頭部，也可以用拳攻擊對方的身體。在決賽中，我們的規則與MMA比賽較相似。我們可以組織300人參加比賽，而參賽人員都需要掌握軍用格鬥術（MACP）的全部技術，包括踢打技術、纏鬥技術等。如果參賽選手的技術不全面，那麼他很快就會被淘汰。

軍隊的格鬥比賽每年都會決出一個總冠軍。為了取得優異的成績，每個師必須選派最強的兩名士兵參賽。比如，第101空中突擊師有兩萬士兵，這個師就可以選拔14人參賽。這14個人中，每個級別有兩個人。因而，這種比賽的水準是非常高的。

《黑帶》：倘若是女兵參加比賽，你們會制定何種規則？

馬特・拉森：我們的比賽無論男女都可以參加，女性也會和男性進行比賽。由於女性的生理特點，她們在力量、耐力、速度、反應、膽量、承受力方面一般都不如男性，因而，我們會在體重上向女性稍有傾斜，女性在體重上比男性重7%。例如，在125磅級別的比賽中，女性選手的體重可以達到134磅。這樣女性多出的體重可以彌補自身的諸多不足，比賽才能趨於合理。

《黑帶》：您如何總結軍用格鬥術（MACP）在21世紀軍隊訓練中的作用？

馬特‧拉森：MACP是一種完全基於實戰的格鬥體系，士兵們都要學習這個技術體系，因為軍用格鬥術已經成為他們實際戰鬥能力的重要組成部分。士兵們必須掌握這套技術，就像日本武士們必須掌握他們的技術一樣。武士們的徒手格鬥技術在他們的技術體系中占的比例可能較小，因為他們還必須學習刀劍、騎術、射箭、辨向定位等技能。

今天的士兵們同樣需要一整套技術，我們能夠取得戰爭的勝利並不是因為士兵們精通徒手格鬥技術，而是這種技術完善了士兵們的技能。

在伊拉克戰爭之前，人們有一個錯誤的觀點是，現代戰爭已經沒有徒手格鬥的用武之地了，但是，戰爭的實踐卻證明了戰場上格鬥技能的運用是很廣泛的。很多深入戰地的士兵，在執行任務時，許多時候都是以近身格鬥技能結束戰鬥的，尤其是在巷戰中更是如此。

# ● 第二章

# 徒手格鬥術的基礎內容

## 第一節 格鬥預備姿勢

穩定的姿勢,對保持良好的身體平衡和徒手格鬥的攻防動作都是十分重要的。格鬥預備姿勢為所有的動作和技術提供了基礎。因此,也是進行格鬥訓練的學員首先要掌握的技能。

這個動作並不複雜,只是像拳擊手一樣站立和移動(圖1)。

兩腿略屈,兩腳前後站立,重心保持在兩腿之間,側身對著對手。把雙肘彎曲,將雙臂抬至可保護面部的高度,但又不至於遮擋自己的視線。手指彎曲握成拳頭,但不宜握得過緊。下頜內收,用來避免被對手擊中。

最好面對一面大鏡子來訓練這個動作:站立時放鬆,接著輕輕一跳,落地時成格鬥預備姿

圖1

勢。身體要放鬆，告訴自己這是輕輕一跳。

下面再介紹一種迷惑對手的格鬥預備姿勢。

常規的格鬥預備姿勢在打鬥開始以後使用，打鬥沒有進行前，我們要善於欺騙對手。當對手逼近你欲實施攻擊時，不要擺出常規的格鬥預備姿勢，這種姿勢看上去像士兵那樣給人一種威脅，好像你已知道如何去搏鬥似的。

你需要的是使對方已經興奮的神經放鬆下來，你要做出渺小、困惑、無助的樣子。最好的方法是用雙手護住你的臉，做出有些害怕的樣子；或者是攤開雙手和對方講道理，勸說對方不要衝動；或者是手臂彎曲、雙手張開、指尖朝上，同時用語言安撫對方（圖2）。

換言之，就是你要表現出不會對他構成威脅的樣子，讓對方覺得沒有必要動手就可以得到他想要的東西。如果對方走開那是最好的了。但對方執意要大打出手，或者他想把你帶到別的地方，你必須行動。在這種情況下，對手的神經可能會有些鬆懈，因為到目前為止，你都看上去像個沒有經驗的孩子一樣，這樣很好，有利於你搶先出擊，打他一個猝不及防。

這種姿勢會有以下三種

圖2

好處：

1.使你看起來沒有威脅，從而使對方放鬆警惕，為你先發制人創造條件。

2.它很自然地為你設置了一個保護身體要害部位的屏障。

3.在閃避對方攻擊的同時，你可以打擊他的下頜、眼睛或咽喉。

## 第二節　腳步動作

步法是格鬥術的基礎，無論是對峙、進攻，還是防禦反擊，都是透過移動來調整自己與對手之間的最佳距離，以此來達到進攻或防禦的目的。

平衡是步法中重要的因素，拳擊專家將步法形容為移動中的平衡。如果平衡不能保持，技術將沒有效果。平衡要透過反覆的步法練習、身法練習和實戰練習才能掌握。

移動時最好不要全腳著地。相反，應該用腳掌去感覺地面，因為它富有彈性，可以隨著對手的變化隨時前衝或後撤、左躲或右閃。良好的腳步動作會為你的格鬥打下良好的基礎。

移動時，一般情況下都應由朝向所移動方向的腳先移動，另一腳緊跟。也就是如果向前移動，那麼就先移動前腳；要向後移動，就先移動後腳；要向左移動，就先移動左腳；要向右移動，就先移動右腳。所有移動都

是從格鬥預備姿勢開始的。

　　格鬥中有四種基本步法：前進步、後退步、向左側移步和向右側移步。

　　前進步常用於主動進攻技戰術中，後退步常用於防禦反擊技戰術中，側移步則常用於遊擊技戰術中。連續步能使你迅速地在一個較大範圍內移動，此技術在刀對刀、徒手對刀的格鬥中也很有用。專家們所說的其他步法都是由這幾種基本動作演變而成的。經過一段時間的訓練，你就會發覺自己掌握了靈活多變的步法，這就是透過基本步法練習而實現的。

## 一、向前上步

　　在預備格鬥姿勢的基礎上，前腳快速向前上步，後腳隨即跟上，恢復預備格鬥姿勢。

## 二、向後退步

　　在預備格鬥姿勢的基礎上，後腳快速向後退步，前腳隨即後撤，恢復預備格鬥姿勢。

## 三、向左側移步

　　在預備格鬥姿勢的基礎上，左腳快速向左移動，右腳隨即向左跟進，恢復預備格鬥姿勢。

## 四、向右側移步

在預備格鬥姿勢的基礎上，右腳快速向右移動，左腳隨即向右跟進，恢復預備格鬥姿勢。

## 五、連續前進

在預備格鬥姿勢的基礎上，後腳邁向前腳位置。兩腳即將相撞時，前腳向前跨出，恢復預備格鬥姿勢。

## 六、連續後退

在預備格鬥姿勢的基礎上，前腳邁向後腳位置。兩腳即將相撞時，後腳向後撤出，恢復預備格鬥姿勢。

## 七、訓練方法

### 1. 單獨練習

練習者從場地一端移動到另一端，然後前後腳交換練習。

### 2. 步法對練

你和訓練夥伴面對面站立成預備格鬥姿勢，進行步法練習。夥伴前進你後退，夥伴後退你前進。夥伴向左移動，你向右移動。夥伴向右移動，你向左移動。始終與他相對，並保持格鬥距離，還要轉換角色進行練習。

## 第三節　徒手格鬥術攻擊手段

人體的許多部位都適合作為攻擊武器。特種部隊格鬥術能教會受訓者充分運用自己的身體武器，從頭到腳去擊潰敵人。

### 一、底掌猛推

靠近手腕的掌底骨骼與肌肉十分結實，全力擊打時沒有骨折的後顧之憂，而且攻擊時可以充分利用體重來增加摧毀力。

用底掌擊打，使對手頭部或脊椎受到重創，尤其是攻擊下頜靠下的部位。擊打對手下頜，對手的頭部會猛地後仰，這不僅對他的脊椎形成了壓力，而且可能會使他失去知覺或折斷脖子。

用底掌攻擊對手面部，可使對手因為面部受到打擊而無法看清目標，使他難以有效地實施攻擊。如果對方的頭部向後方移動的話，你就可以用手指戳擊他的眼睛了。底掌主要攻擊對手下頜（圖3）、鼻梁（圖4）、腎部、太陽穴等。

當對手從正面抓握你時，只要你的一隻手是自由的就可用底掌實施反擊。

### 二、掌沿劈打

掌沿又叫手刀，劈掌攻擊時，手指伸直，四指併

圖3　　　　　　　　　圖4

圖5　　　　　圖6　　　　　圖7

攏，拇指立起並把腕部鎖定，用手沿帶肉的部分進行劈
打（圖5～7）。在實施這種技術時，你可以用從肘部到
小指的任何部位攻擊對方。施用劈掌時你與目標的方位
是交叉的，所以，你不必像用直拳攻擊對方一樣去夠對
方，這樣成功的機會就會大增。

圖8

劈掌主要攻擊目標為頸動脈（圖8）、頭側、腹肋、喉結、鎖骨等。

### 三、抽打耳光

抽打耳光在街頭打鬥中非常流行，而且這一技術通常是在雙方爭執的過程中突然實施，往往使對方猝不及防。耳光擊打的目標是耳朵或腮部（圖9）。它可以擊穿對手耳膜，甚至使對手耳內出血，精神恍惚，重則造成對手腦震盪。如果重擊對手腮部，可以將對手打倒在地。打耳光的主要優點是攻擊範圍大。

根據打鬥情形的不同，既可以在近距離內進行擺擊，也可以在中等或更大距離內進行抽打，而且在進攻過程中不需變換手的角度。既可以用單手進行抽打，還可以雙手同時合拍對手雙耳（圖10）。

圖9　　　　　　　　　　　　圖10

## 四、戳　　指

用指頭戳擊敵人的眼睛是非常實用的格鬥技術。戳指基本動作和直拳相同，只需將拳變成掌指去戳擊對手的眼睛。戳擊既可用「矛手」操作（圖11），也可用爪形手實施（圖12）。

圖11　　　　　　　　　　　　圖12

由於戳指攻擊的特殊性，在發出戳指動作時，不要使用蠻力，努力加快攻擊速度並提高準確性，出手快捷而隱蔽，做到出手不見其去，回手不見其來，使對手猝不及防。

## 五、直　拳

前手直拳，又叫刺拳，首先擺出格鬥預備姿勢，伸出左拳直接擊打對方，完成這個動作時左肩向前旋轉（圖13、14）。

前手直拳雖然非常流行，但其在自衛格鬥中的時效性卻很差。它的擊打力量很小，在街頭打鬥中，如果使用前手直拳進行攻擊的話，你可能會激怒你的敵人。前手直拳一般不能重擊對手，但它可以為踢擊、摔投、窒息或者衝撞做好準備工作。前手直拳可以攻擊下頜（圖15）、鼻子等部位。

圖13　　　　圖14　　　　　　　圖15

後手直拳，是用右手直接擊打對方，同時還要用上軀幹旋轉的力量，拳頭接觸目標的一瞬間，將你的右側腰部向前扭動（圖16、17）。

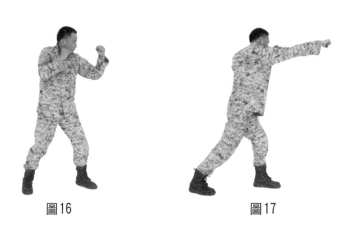

圖16　　　　　　　　圖17

後手直拳實施時腰部扭動幅度大，所以擊打力量比較大。但是由於後手直拳距離目標較遠，暴露的自身空檔太多，容易被對手防守反擊，應該謹慎加以運用，只有在對方有明顯漏洞時才能使用。後手直拳打擊的目標是鼻子、下頜、咽喉、腮、胸部、腹部（圖18）、肋骨等部位。

圖18

## 六、上勾拳

左上勾拳出擊時，把右腿向左前方移動，稍微彎曲膝部，使自己正處於擊打目標下方。出擊時左拳向上勾擊，接觸目標時扭動拳頭，使拳心對著自己這面，把左臀部向前向上沿出拳走向快速扭轉（圖19～21）。

圖19　　　　　圖20　　　　　圖21

右上勾拳出擊時，把右臀部向前向上沿出拳走向快速扭轉，拳頭接觸目標瞬間，身體就隨拳和臀部一起動，以獲得最大攻擊力量（圖22～24）。

上勾拳是近身格鬥的進攻拳法，其拳法隱蔽性強、力量剛猛，在進攻當中有很大的突然性和殺傷力。上勾拳對付下潛抱摔的對手效果很好。

實施上勾拳時，要採用屈膝沉身來降低重心以獲得攻擊角度，然後腿部發力，全身使勁，向上出拳，充分發揮體重優勢。

圖22　　　　　圖23　　　　　圖24

## 七、擺　拳

左擺拳從身後打出，擊拳時把左臀部沿擊拳方向快速扭動，左拳由體側向前呈弧線發出，擊打對手的頭側等部位（圖25～27）。

圖25　　　　　圖26　　　　　圖27

圖28　　　　　　　圖29　　　　　　　圖30

　　右擺拳屬於重型拳法，出擊時應該把全身重量都施展於擊打上。擊打時，左腿稍前跨，右拳從身後打出，同時把右臀部沿擊拳方向快速扭轉（圖28～30）。

　　擺拳通常從外側向內側擊打，在實施時充分利用了身體搖擺所產生的動能，手臂移動幅度大，因此極具衝擊力。一旦擊中對方要害，往往能夠一招制敵。擺拳主要用於反擊，有時候也可以用於突然襲擊，或者在打出直拳後再續以擺拳重創對手。擺拳的作用是專門用來對付擅長左右兩側轉移攻勢的對手。擺拳擊打目標是對手的頸、腮（圖31）和下頜（圖32）等部位。

## 八、拳側砸擊

　　拳側是指握住拳頭後手掌頂點與手腕間有肉的側面，拳側在近身格鬥時是非常有效的武器。

　　雙方扭鬥時，可猛擺小臂用拳側打擊對手太陽穴。

圖31　　　　　　　　　圖32

圖33　　　　　　　　　圖34

如對方面部暴露，也可用拳側擺擊對方鼻子（圖33）。
打擊對方脖子有可能一下子將對方擊倒。另外，也可以
用拳側下砸對手鎖骨（圖34）。

## 九、前 踢

左腿前踢時，以左膝關節為軸，小腿借大腿向前提膝，由下向上像彈簧一樣彈擊，力達腳背或腳尖（圖35～37）。右腿前踢時，以右膝關節為軸，小腿借大腿向前提膝，由下向上彈踢（圖38～40）。

圖35　　　　　　圖36　　　　　　圖37

圖38　　　　　　圖39　　　　　　圖40

　　前踢的特點在於攻擊角度狹小、隱蔽、連貫性強、收發自如。前踢不僅可以掩護其他腿招的進攻，也可以單獨使用，而且連續快速，令對方防不勝防。前踢的攻擊目標是對手的腹股溝（圖41），由於腳尖細，力量集中，攻擊這些部位容易奏效。但用此技的條件是必須與對手正面相峙，如果對手做出側立的防衛姿勢就不易成功。

　　另外，在對手實施前踢時，可以抓住其腿用前踢攻擊對手襠部（圖42），以牙還牙。使用前踢時注意動作意圖要隱蔽，儘量避免做多餘動作。踢擊速度要快，短促有力，以免被對手抓住而摔倒。

圖41

圖42

### 十、側踹腿

側踹腿是用腳底從側面攻擊對方的腿法。左腳側踹時，將左膝蓋抬高到攻擊目標的高度，緊接著將腿伸直攻擊對手（圖43～45）。右腳側踹時，將右膝蓋抬高到攻擊目標的高度，然後將腿伸直攻擊對手（圖46～48）。側踹的時候身體要傾斜，以防止出擊的腿落下來。

圖43　　　　　圖44　　　　　圖45

圖46　　　　　圖47　　　　　圖48

側踹腿在實戰格鬥中力量稍顯不足，而且在對手注意力集中時，難以直接發揮作用。在格鬥比賽中很少有人能夠用側踹腿將對方擊倒，但側踹腿在實戰場合並非毫無用處。

側踹腿最大的優點是速度快，可以從多個角度靈活地實施攻擊。當你不得不與多個對手打鬥時，若一名對手從後側猛撲過來，你可用側踹腿阻擊對方。側踹在打鬥時主要攻擊敵人的大腿、膝關節（圖49）及脛骨。因脛骨皮薄肉少，如遭重踢可致使敵人因劇痛倒地。當對方用直拳攻擊時，可直接用側踹腿截擊，後發先至，以攻制攻。

圖49

## 十一、前蹬腿

左蹬腿的動作要領是，提左膝，腳底向前，展髖伸腿蹬出，髖關節充分伸直，用腳掌（而不是腳尖）攻擊對手（圖50～52）。

圖50　　　　　　圖51　　　　　　圖52

　　**右蹬腿的動作要領是**，右側大腿抬高，腳底向前，將腿蹬向對手，把體重也運用到這條腿上以施加最大的力量（圖53～55）。

　　前蹬腿在實戰場合時常出現，因為這種攻擊方法相對比較容易。前蹬腿是攻擊速度、距離與威力兼備的快招腿法。前蹬腿的主要攻擊目標是對手的腹股溝（圖

圖53　　　　　　圖54　　　　　　圖55

56）、膝部等部位。如果實施得當的話，前蹬腿可將對手蹬倒在地。

　　前蹬腿既可用於重創對手，也可用於遏制對手攻勢，保持一定距離，不讓對手靠近自己（圖57），還可以截擊對手的腿攻，當對手企圖用腿踢擊時，可迅速蹬擊其腿部（圖58），連消帶打。

圖56

圖57　　　　　　　　　圖58

## 十二、掃　腿

　　**左掃腿的動作要領是**，將左膝抬高至體側，以右腿為軸，快速以腳面踢擊對方（圖59～61）。

　　**右掃腿的動作要領是**，將右膝抬高至體側，以左腿為軸。旋轉時，甩動右腿，快速以腳面踢擊對方，擊打時用力扭動臀部（圖62～64）。

圖59　　　　　圖60　　　　　圖61

圖62　　　　　圖63　　　　　圖64

　　掃踢是競技比賽的骨幹腿法，尤其是泰拳比賽幾乎成了掃踢的較量。掃踢亦是實戰格鬥的主要腿法。它攻守兼備，主要攻擊對手腿部，如踢中腿部就會使對手小腿痙攣，行動困難。如踢中膝關節，能將對手踢倒，重則使對手骨折。

　　掃踢也可用於防衛，當對方逼近欲攻，可用掃踢快速阻截，踢其身體，遏制其攻勢。掃踢攻擊的部位通常是對方的膝蓋外側（圖65）、大腿內側、大腿外側（圖66）、腹股溝。有時還可以攻擊肋骨或者胃部。

圖65　　　　　　　　圖66

## 十三、肘關節攻擊

　　**左頂肘的**動作要領是，把左肘甩到胸前，緊接著用肘尖瞄準目標，直線戳擊（圖67、68）。

　　**右頂肘的**動作要領是，右腳上步，把右肘甩到胸前，緊接著用肘尖瞄準對手，直線戳擊（圖69、70）。

圖67　　　　　　　　　　圖68

圖69　　　　　　　　　　圖70

　　**左擺肘的動作要領是**，左肘與肩同高，與地面平行；身體右轉，左肘以短弧線向對手面部擺擊（圖71～73）。

　　**右擺肘的動作要領是**，右肘與肩同高，與地面平行；身體左轉，右肘以短弧線向對手面部擺擊（圖74～76）。

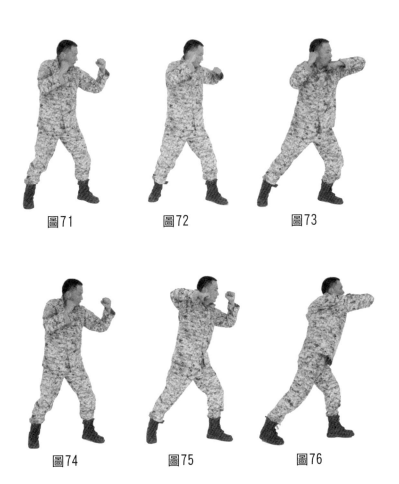

圖71　　　　　　圖72　　　　　　圖73

圖74　　　　　　圖75　　　　　　圖76

左撬肘的技術與上勾拳基本相同。

其動作要領是，提肩用左肘尖由下向上方挑擊（圖77～79）。

右撬肘的動作要領是，提肩用右肘尖由下向上方挑擊（圖80、81）。

左砸肘的動作要領是，抬左肘與額同高，順勢以

圖77

圖78

圖79

圖80

圖81

肘自上而下朝目標砸擊（圖82～84）。

　　**右砸肘的動作要領是**，抬右肘與額同高，順勢以肘自上而下朝目標砸擊（圖85～87）。

　　肘係尺骨、橈骨與肱骨三骨的集中點，非常堅硬，

打擊面積小，作用力相對較大，擊中後容易重創對手。
肘招的攻擊部位是敵人的腮部、眉角、鼻梁、下頜、咽
喉、心窩等部位。用肘攻擊面部通常可以擊破對手的鼻
子或使其皮膚裂開，因而武術界有「肘過如刀」之說。
使用時可用一手控制對方，用另一肘撞擊對方頭面部

圖82　　　　　圖83　　　　　圖84

圖85　　　　　圖86　　　　　圖87

（圖88）。當對手欲抱住你的腿時，用肘下砸對手後背（圖89、90）。當對手從後面對你實施摟抱時，可用肘部向後撞擊對手腰肋。

圖88

肘不但用於攻擊，還可用來防守對手的進攻。若對手以直拳攻擊你的面部時，你可將肘尖向前，使對方的拳頭打在肘尖上，致對手拳頭受傷。

圖89

圖90

## 十四、膝關節攻擊

**左膝撞擊的動作要領是**，以右腿支撐，抬起左腿，以左膝尖向上猛撞（圖91、92）。

**右膝撞擊的動作要領是**，以左腿支撐，抬起右

圖91　　　　　圖92　　　　　圖93

圖94　　　　　圖95

腿，以右膝尖向上猛撞（圖93、94）。

在實戰格鬥中，膝關節撞擊的實用價值和威力極高。膝撞擊法速度快、力量大，一般是近身纏鬥的秘密武器。用膝可撞擊對手的大腿、臀部、膝關節的側面、尾骨、腹部或腹股溝（圖95）。

　　膝部向上撞擊腹股溝，是一項既容易實施又很有效的技術，施用時箍住對手的脖頸，迅速猛抬膝蓋。當對方低頭企圖實施抱腿摔技法時，用膝蓋撞擊其胸部或者頭部（圖96、97）。用膝撞擊對方頭部時，可拽其頭部迎撞你的膝關節。

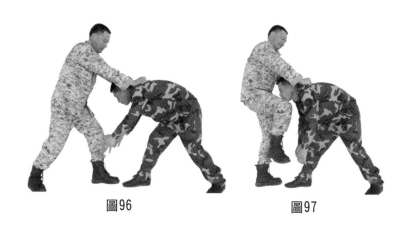

圖96　　　　　　　　　　圖97

## 十五、抓　髮

　　抓髮是實戰打鬥中非常實用的技法，在各國的軍隊格鬥教範中都有揪髮制敵戰術。為了防備抓髮，從職業性質上講，常有搏殺機會的軍人、員警應避免蓄長髮。

　　格鬥時，抓住對手頭髮後就要抓緊，並向前拽，迅速用手掌劈擊對方脖頸，同時用膝蓋撞擊其面門。

　　如果敵人頭髮較長，可把頭髮纏在手裡，向對方右手外側扭絞，轉到斜後方以後，將對方拉倒，用拳頭猛砸其面部。

## 十六、摳　抓

不要一提到摳抓就認為是女人的專利，實際上，它是自衛中可以信賴的一種利器。摳抓是格鬥實戰的一個側面，卻沒有任何門派的武術吸納它，大概是認為它太女人氣或是孩子氣，不像男子漢所為吧！但是和戳一樣，摳抓產生的效果是「疼痛反應收縮」，常常導致被招摽者門戶大開，至少也會使對手短時間分神，從而為你實施別的招法反擊提供寶貴的時機。

在和對手摟抱纏鬥時，你出其不意地用指甲抓對方的面部（圖98），定會導致對手皮破血流，或者淚流滿面，從而影響對方的視線，並且擾亂對手的情緒。

然後，你再施以別的招法猛擊對手。當你和對手近身扭鬥時，可以用雙手拇指戳擊對手鼻子下部（圖99），或者用拇指擠壓對手耳根部位。當對手將你壓在

圖98　　　　　　　圖99

身下，緊緊摟抱時，可將食指插入對方嘴角用力後拉。

　　當你的生命受到威脅，兩手尚能活動時，你可以用拇指摳其眼睛（圖100）。

　　摳其眼睛的方法很可能造成對方終身殘疾，因此不到萬不得已不要使用。

## 十七、頭　撞

　　頭骨是人體最堅硬的骨頭，如果恰當運用將是一件非常有力的武器。通常頭部攻擊的位置是髮際線附近的部位（頭部最堅硬的部位）。頭撞通常被用於突襲或與直拳組合使用。

　　當對手從前面抱緊你時，你可以猛地向前傾身，之後順勢把頭部也向前傾，用前額猛撞敵人的鼻子（圖101）、眼睛或下頜等柔軟的部位。

　　當你被對手從身後抱緊，上體難以動彈，此時可將頭微屈，突然挺頸後頂，用頭後部撞擊對方鼻子（圖

圖100

圖101

102）。向後撞擊這一招配合跺腳、抓臂等動作，效果
更佳。如果雙方貼身扭鬥，你的前額又恰好處於敵人胸
前處，此時你可利用頭頂向上猛抬撞擊敵人（圖103、
104），效果絕佳。

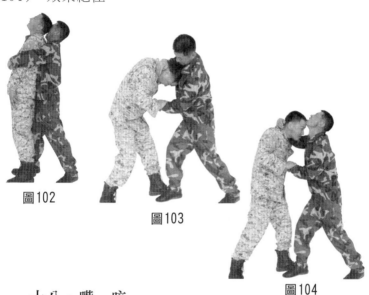

圖102

圖103

圖104

## 十八、嘴　咬

當你被對手的手臂緊緊控
制住而難以動彈時，嘴恰恰是自
由的，此時，你要用牙齒去撕咬
對手的皮肉，別難為情。我們談
論的是生存問題，如果你不這樣
做，那麼你有可能就沒命了。撕
咬的最佳部位是對手的肩部（圖
105）、鼻子、耳朵、頸部。

圖105

在菲律賓武術中，專門有一套牙齒撕咬技術，這套技術由144種連續不斷的咬人技術組成。用牙撕咬時，你要在抓住對手的前提下再開始撕咬。如果你抓不住對手，對手就會推開你。當你咬到對手時還要猛撕。

## 第四節　徒手格鬥術基本防禦策略

無論面對什麼樣的對手，首先要做的事情就是盡力確保自己不被擊中。如果你能明確這一點，透過訓練來提高自己的防禦技術是較容易的。

最好的防禦戰術就是移動，你可以躲閃襲擊，脫離對手的打擊範圍，還可以爭取足夠的時間掏出武器，應對接下來的攻擊。

### 一、防守技術

#### 1.抓　握

抓握技術是由一位叫吉米・威爾德的拳手傳出來的。抓握專門用來防守直拳，尤其是防守前手直拳。其要點就是頭部的躲閃與手的動作同步，否則，對手可能穿過你手部的位置擊中你的頭部。

站好格鬥預備姿勢，當對手以直拳攻擊的時候，你就用手掌去抓握他的拳，就像抓握壘球一樣。抓握的手應該在面部前10～15公分處。

不要用手阻截擊來的拳頭使其停止，而是應該把手

作為一個富有彈性的緩衝器來吸收拳頭衝擊的能量，同時頭部要向後稍微躲閃一點兒。在抓握的防守之後，可用前手直拳進行反擊。

### 2.騅氏科爾格擋法

一位名叫吉姆·騅氏科爾的拳手創造了一種實用高效的拳擊防守技術，因此就以他的名字來命名。這種防守技術就是將手臂伸向進攻手臂的內側，格擋對手的攻擊手臂。這種防守方法既能防守對手的直拳，也能防守擺拳、掄拳，非常實用。

當對手以左直拳或擺拳攻擊你的胸腹時，你將你的右手臂稍微下垂，手向右下方伸進。當對手以右直拳或擺拳攻擊你的胸腹時，你將你的左手臂稍微下垂，手向左下方伸進（圖106）。

當對手以左直拳或擺拳攻擊你的頭部時，你將你的右手臂稍微上抬，手向右上方伸進（圖107）。

圖106　　　　　　　　　　圖107

圖108

　　當對手以右直拳或擺拳攻擊你的頭部時，你將你的左手臂稍微上抬，手向左上方伸進（圖108）。

　　運用騅氏科爾格擋法的訣竅就是一定要將自己的身體向對手壓過去，用你的頭狠狠地撞擊對手。

### 3.盾形防守

　　盾形防守是對付不測事件時所使用的一種自救式防守。當遭受對手突如其來的打擊，防衛者沒有時間阻截或逃脫時，可採取盾形防守姿勢。

　　【防守姿勢一】降低身體重心，兩腳分開，比格鬥預備姿勢稍寬些，兩手握拳，拳頭向上，保護頭部。肘部架起放到肋部，身體繃緊，保護身體要害。頭衝下，眼睛向上看，把下頜埋在胸中（圖109）。抵擋住對手幾記擊打之後，你可以向外跨出一個角度，然後用勾拳擊打對手的肋部或下頜。

　　【防守姿勢二】降低身體重心，兩腳分開，比格鬥

預備姿勢稍寬些，兩手握拳，兩手臂放在身前，肘部對準敵人。前手臂護住頭部，後手臂護住身體，使兩隻手臂看起來就像要抱住自己一樣。下頜下壓，眼睛向上看（圖110、111）。防守之後迅速反擊。

圖109　　　　　　圖110　　　　　　圖111

## 二、防守技術訓練方案

1.以格鬥預備姿勢站立，想像對手攻擊你，你快速移動到一側躲避襲擊。

2.向假想的對手發出攻擊，然後脫離他的攻擊範圍。

3.與訓練夥伴配合進行抓握技術訓練。練習該防守技術，開始要放慢速度，用單拳攻擊。熟練後，就用組合直拳和佯攻進行訓練。隨著你的技術不斷完善，逐步過渡到實戰練習。

4.與訓練夥伴配合進行雖氏科爾格擋法訓練。讓訓

練夥伴站在你的前方以任意拳法進行擊打。在你能熟練地防守任意衝拳後，讓訓練夥伴用兩到三個動作的組合進行攻擊，開始要放慢速度，並配上相應的步伐前移，很快你就能讓夥伴進行全力攻擊。

## 第五節　美國特種部隊格鬥術培訓

徒手格鬥術是一項基本的技能，是所有特種兵培訓項目的一部分。它能使士兵們逐漸獲得勇氣和自信，獲得在被脅迫下仍能保持注意力的能力。在技術水準上，你永遠都不能自滿，常用的技能必須練到本能的程度。徒手格鬥術訓練的秘密就在於不斷地練習。

### 一、美國特種部隊格鬥教官須知

#### （一）教　官

教官必須具備良好的身體素質，並能掌握教材中講解的所一些助教，能嚴格地監督訓練活動，並講解、示範難度較大的動作。

#### （二）一般的安全措施

1.嚴格而不間斷地監督所有訓練活動，不能疏忽大意、放任自流。

2.訓練前應進行詳細的講解和示範。

3.在教官講解和示範動作之前，不能讓學員試做動作，以免發生意外事故。

4.在學習和鞏固技術階段，要假想面對敵人時做反

攻動作，以便使受訓者按教程所講的方法完成標準動作。

5.要有寬敞的訓練場地。兩人對練的場地寬度和長度均不得小於2.5公尺。

6.學員的口袋裡不能裝任何物件，訓練前，應取下貴重物品、金屬證章或眼鏡等。

## （三）特殊的安全措施

### 1.易傷部位

應告誡學員在訓練活動的初期，只能輕輕地擊打易傷部位。隨著學員格鬥技能的不斷提高，逐漸增強擊打力量，但不能過分用力，以免傷到同伴。

### 2.倒地、摔跤和擒拿

（1）在訓練擒拿動作時，要提前給學員規定一個停止扼壓動作的信號。尤其在進行扼喉訓練時，所有學員都應該知道這個信號。信號可以用拍打對方來表示。

（2）在開始練習之前，一定要讓學員做好熱身活動。

（3）在練習摔跤之前，先教授倒地動作。

（4）在學員熟練掌握擒拿技術之前，告誡他們在進行對練時動作一定要輕。

### 3.繳　械

（1）在訓練奪刺刀的技巧時，步槍的刺刀一定要緊緊地套上刀鞘。

（2）在講授奪刺刀時，可用木棍或刀鞘來替代刺刀。

（3）在訓練徒手奪槍的技術時，告誡持槍的學員不能將手指扣在步槍或手槍的扳機護圈內。

## 二、美國特種部隊格鬥術要點

### 1. 頭腦清醒

在戰鬥中你必須保持思維能力，不能讓恐懼或憤怒使自己的動作變形。

### 2. 關注周圍情況

進行徒手格鬥時，你要注意周圍的環境，比如看看身邊是否有隨手可得的器具用於打鬥，或觀察敵人是否有同伴伺機實施突襲。

### 3. 下盤穩固

徒手格鬥時，你必須保持很低的重心和穩固的下盤。

### 4. 佔優勢的身體位置

使用打鬥技術之前，你必須搶先佔據並維持一個佔優勢的身體位置。可以用步法來威逼敵人，搶佔攻擊敵人的有利位置，把敵人置於打擊範圍內，為自己攻擊創造良機。

### 5. 距　離

在格鬥中，打鬥雙方的距離總是在不停地變動著，你必須及時地利用步法來調整自己和對手之間的距離以控制戰鬥局面。

### 6. 身體平衡

你應該理解以下兩種平衡：其一，如何加強和保持

自身的平衡；其二，如何在格鬥中使對手失去平衡。步法和靈敏性是平衡的關鍵因素。

### 7. 槓桿作用

打鬥時，要利用你或對手身體的某一部分作為槓桿來使對手處於十分不利的位置。

### 8. 技術儘量簡單

你所依賴的格鬥技術一定不要太花哨，動作應該選擇最基本的。換句話說，你的第一步和第二步技巧應該在緊張、野蠻的格鬥中或忍受痛苦中，甚至有時是在情況難以預料的條件下發揮作用。打鬥時依賴本能的反應和直覺去完成動作。

### 9. 實戰訓練要對付動態攻擊

與訓練館裡不同，在戰場，與你打鬥的人不會消極地站在那裡讓你攻擊。你可以採取很多不同的攻防動作。很多格鬥術培訓班都教學員如何從背後的緊緊摟抱中掙脫出來，這是一個沒有按照動態因素進行訓練的最好例子。如果你被這種方式所襲擊，敵人不會像陪練那樣站在那裡不動。他要麼向前扭倒你，要麼從後面把你撞倒在地。你需要根據當時的實際情況進行防守反擊，儘量使用你所知道的在該情況下應該採用的技術，並留意它們是如何起作用的。

### 10. 以小搏大

你的技巧要對一個比你更高大更強壯的對手起作用。如果你的格鬥技術實用性不強，對手僅僅用他的身

體擠壓、衝撞或者摔打就能化解你的防禦。你需要知道
對於這種人什麼起作用，什麼不起作用。因此你不應該
嘗試與敵人直接比較力量。透過使敵人的攻擊落空就可
以用優勢的技巧和格鬥策略戰勝身高體壯的敵人。

### 11. 做好對抗武器的準備

在戰場，敵人經常使用匕首、刀具等武器攻擊
你。如果遇到對手持有武器的話，你的解決方法必須迅
速、簡單並且靈活。即使你練過格鬥術，你也沒有把握
戰勝有武器的對手。因而，你要麼在對手掏出武器之前
就撤離，要麼迅速將對手打昏或打死，否則，你受害的
可能性會較大。

### 12. 做好以一敵眾的準備

以一敵眾的關鍵是以智取勝，強調逃避而不是蠻
幹。你需要做的是分散敵人的注意力，創造逃脫機會。
儘管很多格鬥家喜歡訓練在無法逃脫的情形下如何格
鬥，但事實上走投無路的情形是很少見的。

除非你被困在一個狹窄的死胡同裡，前面有多人進
行堵截。你所要做的就是為自己打開一個缺口，衝出包
圍圈，並以最快的速度逃離。

### 13. 格鬥技術要在各種地形和環境中起作用

士兵要身著整套軍裝在不同的天氣裡進行格鬥訓
練，還要在狹小的過道、樓梯口、山坡、沙灘、沼澤
地、馬路等複雜的地形上進行格鬥訓練。因為在複雜的
地形上完成格鬥動作與在墊子上是截然不同的。

## 三、美國特種部隊格鬥術訓練內容

### （一）打擊的基本技術

砸拳、刀斧手、底掌、前手拳、後手拳、交叉拳、擺拳、指關節攻擊、抽打耳光、手指摳抓、前踢、踏踢、蹬踢、橫踢、肘關節攻擊、膝關節攻擊、頭撞、嘴咬等。

### （二）攻擊人體要害部位

人體要害部位包括身體許多部位和穴位，如頭、頸、胸腔、心臟、腹部、襠部、太陽穴等等，運用隨手可得的器具攻擊敵人的要害部位。

### （三）倒　功

右側倒地、左側倒地、後倒地。

### （四）摔　打

臀部頂摔、臀部轉動頂摔、過頭摔、絆腿摔、由後摔、臀部頂摔變化、臀部轉動頂摔變化、背後鎖喉摔打。

### （五）擒　拿

正面卡喉、揪領卡喉、雙手呈剪刀形揪領卡喉、別臂按頭、扼背、背後鎖喉、雙臂擒拿等。

### （六）反擒拿

解脫卡喉、身體被按在牆壁時的破解雙手正面卡喉、解脫正面臂上箍抱、解脫正面抱腰、解脫雙手抓單腕、解脫抓兩腕、解脫由後單臂鎖喉、解脫由後連臂箍抱、解脫由後臂下箍抱等。

### （七）持刀攻擊

持刀方法、攻擊姿勢、姿勢變化、正面刀攻、由後刀攻。

### （八）奪刺刀

破解突刺、破解衝刺。

### （九）奪　槍

正面奪步槍、背後奪步槍、正面奪手槍、對付背後手槍、對付頸後手槍、協助同伴奪槍。

### （十）奪　刀

破解上刺、破解下刺、應付謹慎接近之敵。

### （十一）摸　哨

掰鋼盔折脖、用鋼盔擊頭、用繩索或鐵絲單手勒頸、用繩索或鐵絲雙手勒頸、用鈍器擊打脊樑將敵打暈、用利器殺敵、用自製器具制敵、由後摔、背後勒喉、匕首刺腎、匕首刺頸、匕首割喉。

## 四、美國特種部隊格鬥技術訓練方法

進攻技術的訓練是技擊的主體，目的是為了加強進攻能力。要掌握好進攻技術，就要有良好的單式技法的基礎，要有良好的駕馭四肢和保持身體平衡的能力，要有良好的戰術意識。

其訓練方式與別的格鬥術大同小異。

### （一）慢速、快速重複練習

慢速練習適用於習練者學習新動作。訓練時先練習

基本的掌指法、拳法、腿法、肘法、膝法的單一打法，先採用慢速度練習，不應過分追求動作的用力，重點體會揣摩基本技法的路線和力點，邊練習邊檢查，觀察動作是否平衡、姿勢是否正確、發力是否到位。掌握動作要領後，再加快速度進行訓練。

### （二）結合步法和身法練習

技術動作熟練後，則根據實戰的需要結合相應的身法與步法進行訓練，使技術動作與實戰緊密結合。

### （三）想像實戰練習

練習空擊時，假想與對手打鬥，想像對手的變化，從而做出突襲、閃躲等動作。

練習時想像要真切合理，如同實戰，同時動作配合要有章法，亦攻亦守，精神集中。

### （四）固定靶的練習

這是一種利用沙包、吊袋、靶墊等練習器材作為擊打目標的練習。擊打懸掛沙袋是格鬥重點訓練項目，能改進技術，協調動作，加快擊打速度，提高準確性，保持身體平衡等。

擊打固定靶墊是在相對固定的距離下進行的一種練習，它是提高力度和耐力的一個重要手段。擊打時教練或陪練持靶與習練者保持一定的距離，讓習練者原地訓練基本技法，教練或陪練持靶不動，隨時提醒和指導習練者的技術動作。

美國海軍陸戰隊在進行攻擊固定靶訓練

## （五）擊打模擬人

擊打模擬人的訓練是學員提高打鬥能力的重要途徑。模擬人與真人外形相似，亦有頭面、手臂、腿部等。擊打模擬人時，重點擊打的部位是眼睛、鼻梁、下頜、咽喉、腹腔神經叢、膝蓋、襠部等要害。

## （六）「餵靶」練習

「餵靶」，即通常所講的打活動靶。它是由教練或同伴使用靶墊作為活動目標，帶引學員擊打，幫助其訓練的一種手段。

此練習對於提高各種技法的準確性、機動性、靈敏性和力量有極大幫助。

訓練時教練可任意引導學員向各部位擊打，並不斷報以干擾、回擊，使學員在擊靶的同時養成嚴密守護自己的習慣。

美軍擊打靶墊訓練

## （七）模擬模擬實戰練習

進行模擬實戰時，為了避免意外的發生，陪練身著防護服，防護服將所有的要害部位都保護起來，尤其是頭部、膝蓋、腳等部位都覆蓋著厚厚的保護層，來分解和緩衝擊打力。

習練者可以全力高速地打擊對方的要害部位。

美國海軍陸戰隊進行實戰對練

　　若想使所學到的格鬥技術確實有實用價值，近身格鬥術必須在真實的環境中進行格鬥訓練。士兵學習的格鬥技術大部分將在複雜的環境中使用，因為大部分攻擊和打鬥將在那裡發生。

　　在複雜環境中的訓練能使學員從中受到啟發，從而幫助其輕鬆應對真實打鬥時的各種狀況。

美軍在水中進行格鬥訓練

## 五、美國特種部隊格鬥技術考核

　　格鬥技能的考核不像體能、射擊等科目成績可以用秒、米、環等來精確評定。美國特種部隊多年來一直在探索並獲得了一些格鬥技術訓練考核方法。

　　美國特種部隊的電子沙袋可以測出特戰隊員擊打的速度、力度、密度，從而對格鬥訓練的效果進行科學的評定。美國特種部隊用多種等級的考核方法對特戰隊員的格鬥技能進行評定，達到什麼等級的標準就授予什麼級別，對每一級的訓練時間、訓練內容、訓練效果提出

具體要求，達到特定水準就可以升級。

　　這樣做不僅能較好地評價特戰隊員的格鬥技能水準，讓每個隊員對自己的格鬥技術心中有數，還可以激發隊員的訓練熱情，從而找出差距，進行針對性訓練，對提高格鬥技能水準起到很好的推進作用。

### （一）美國特種部隊格鬥術訓練等級區分

　　美國特種部隊格鬥體系分成褐帶、灰帶、綠帶、棕帶及黑帶，其中綠帶、棕帶及黑帶可以考教官資格。

　　美國特種部隊用作訓服腰帶顏色來區分格鬥技能等級，腰帶顏色有五種：

　　1.褐色：士兵基礎級；

　　2.灰色：高級士兵級；

　　3.綠色：教官與士官級；

　　4.棕色：高級教官級；

　　5.黑色：教官導師級。

### （二）美國特種部隊格鬥術體系的等級達標

### 1. 褐　帶

### （1）褐帶的培訓時間

　　每一個剛剛加入特種部隊的士兵，需要進行至少27個小時的格鬥培訓，才能達到褐帶級別。在這一階段培訓中，不但要訓練隊員的心態、體能、紀律，士官長還要觀察隊員在受到壓力時的反應。

　　新兵在訓練褐帶的50個基本技術時，要能夠熟練其中的百分之八十後才能達到褐帶的要求。

（2）褐帶的培訓內容

○基本站立格鬥姿勢；

○護身倒地的技巧；

○基本的拳法：直拳、勾拳、擺拳，擊打要有力量，速度要快；

○基本上半身攻擊：挖眼、拳擊、肘關節攻擊、頭撞等；

○基本下半身攻擊：蹬踢、踩踏、膝關節攻擊等；

○基本的刺槍動作；

○基本絞技、投摔；

○對拳攻、腿攻、擒拿、扼頸等攻擊的防守反擊技術；

○擒獲術；

○基本的匕首攻擊技術；

○利用身邊的器物進行打擊的技巧。

## 2. 灰　帶

（1）灰帶的培訓時間

褐帶的課程考核通過後，再進行至少25個小時的技術訓練，才能有資格取得灰帶的段位。每一個黑豹突擊隊隊員必須通過灰帶資格的考核。

（2）灰帶的培訓內容

○刺槍制敵技巧；

○中級上半身攻擊：劈掌、肘擊等技術；

○中級下半身攻擊：快速實施蹬踢、膝關節攻擊、踩踏等技術；

○中級絞技：反關節技術、摔投技術；

○對拳法、掌指法、腿腳攻、控制技法的防禦反擊；

○中級擒獲技；

○中級匕首攻擊技術，使攻擊動作更加熟練；

○基本地面格鬥術；

○基本警棍攻防術；

○中級隨機武器的應用。

### 3. 綠　帶

#### （1）綠帶培訓時間

灰帶的課程考核通過後，再進行至少25.5個小時的技術訓練，才能有資格取得綠帶的段位。

#### （2）綠帶的培訓內容

○訓練技術重點從防禦性技術轉移到反擊技術；

○中級刺槍技術；

○肌肉敏感點的抓拿技術；

○中級頭部控制技術、反關節技術、摔投技術；

○進一步提高對拳法、掌指法、腿腳攻、控制技法的防禦反擊；

○徒手控制技術；

○非致命警棍術應用；

○高級隨機武器的應用。

### 4. 棕　帶

#### （1）棕帶的培訓時間

綠帶的課程考核通過後，再進行至少33.5個小時的

技術訓練，才能有資格取得棕帶的段位。在完成棕帶的課程並通過考核後，學員便有了教官資格，可以教導新的海豹隊員進行褐帶培訓的技術內容。

（2）棕帶的培訓內容

○高級刺槍技巧；

○高級地面格鬥術、絞技；

○高級摔法；

○徒手對抗器械的攻擊；

○槍械的保護技術；

○繳械技術；

○高級匕首格鬥術；

○高級非致命警棍格鬥術。

**5. 黑帶一段**

（1）黑帶一段培訓時間

棕帶的課程考核通過後，再進行至少40.75個小時的技術訓練，才能有資格取得黑帶的段位。

（2）黑帶一段的培訓內容

○高級刺槍格鬥術；

○高級掐窒與頭部鎖定技術、控制技術、摔法；

○高級地面格鬥技術；

○徒手對槍的防禦反擊技術；

○高級上半身攻擊：先發制人、組合狂攻；

○強化匕首格鬥術；

○穴位的攻擊和控制技術；

## 6. 黑帶二段

### （1）黑帶二段的培訓要求

根據士兵的戰場需要進一步強化專項格鬥技能。

### （2）黑帶二段的培訓內容

○強化格鬥技術，形成自己專長的格鬥技術，提高技術運用的能力；

○強化刺槍對刺槍的能力；

○強化匕首對刺槍的能力；

○強化徒手對刺槍的能力。

## 7. 更高的段位

更高的段位還有黑帶三段、黑帶四段等等。但是，這些段位不再只是技術上的鑒定，而是對士兵在格鬥領域取得成就的認可。比如士兵在格鬥比賽取得好名次，比如士兵著書立說等等。

## 六、美國特種部隊常用的徒手格鬥招數

1.與敵人打鬥時，用拳頭虛晃佯攻，當敵人防守手部動作時，突然用腳踢擊對方腹股溝。

2.與敵人近身扭鬥時，雙手抓住敵人脖子向下扳按，同時用膝蓋猛撞其胸部或面部。

3.與敵人近身扭鬥時，當敵人的注意力集中於上部時，用膝蓋猛撞敵人胯下。

4.與敵人打鬥時，敵人施以前踢技法攻擊，你繞到其攻擊腿側面，緊接著抓住敵人的腳腕，將其腿向上

掀，然後一腳踢向敵人胯下，將其踢倒，再用腳踩踏敵人的要害。

5.敵人用雙手抓住你的衣領，你將雙手插進敵人兩臂之間突然向上舉，接著再用腳踢擊敵人的腹股溝或腿部。

6.敵人在身後用雙手從你腋下向上插，並將雙手置於你後頸，十指緊扣，往下壓迫你頭部，同時向上抬你手臂。你身體彎下，然後用頭部向後猛撞敵人的面部，完成解脫，再實施別的技法反擊敵人。

7.敵人從身後用手臂勒住你的脖子，你可用肘部向後猛烈撞擊敵人的肋骨。

8.被敵人從後面抱住腰部，你可用頭猛擊敵人面部，趁敵人中招反應遲滯之際，向後退步，讓敵人的腳出現在你的兩腳之間。抓住敵人的腳猛抬，使敵人後仰倒地，接著用腳狠狠踩踏敵人襠部。

9.被敵人從後面鎖住喉部時，你可創造出攻擊空間，用腳後跟攻擊敵人襠部，或用腳跟向後踢擊敵人脛骨，也可以用腳跟猛踏敵人的腳背。

10.與敵人貼身扭鬥時，用雙手夾住敵人的後頸，用前額猛烈撞擊其面部。

11.當敵人抓住你的頭髮，你迅速抓住其手腕，然後用腳踢擊其腿部。

12.你與敵人近身格鬥時，一手抓住其頭髮，另一手抓住其手腕，將其拖到地上，然後用拳頭猛烈砸擊其

面部。

13.與敵人打鬥時，用左手抓住敵人的頭髮向自己拉近，緊接著用右掌劈打敵人後頸，然後用膝蓋猛烈撞擊敵人面部，再用掌底猛擊敵人下頜或鼻子，將其擊倒。

14.敵人從後面緊緊抱住你時，你可用雙手抓住敵人的一個手腕用力反扭，使敵人鬆手。然後迅速轉身，將敵人的手臂扭到背後，制服敵人。

15.敵人從前面用雙手掐住你的脖子，你可迅速將自己的右手壓在敵人的左臂上。然後向右轉身，用左臂及全身體重下壓敵人的雙臂，如果敵人還不鬆手，迅速以左肘頂撞敵人的面部。

16.一手抓住敵人手腕，另一手抓住敵人肩部，將其肩部下壓，同時將其手腕向上扭擰。

17.若被敵人一手抓肩，一手抓手腕，試圖將手臂扭到你背後時，你可迅速拉開兩人之間的距離，緊接著用腳猛踢敵人的襠部或膝蓋。

18.敵人用右直拳猛擊你的面部，你可以斜進步移動到左側，同時在裡側用小臂格擋防守，隨即左臂用力纏鎖敵人右臂，再用右掌砍擊或用力抵住其頭、頸部，左手臂繼續保持對敵人右臂的控制，右手用力抓住敵人的頭頸將其向下猛力按壓，同時以膝蓋猛力撞擊敵人腹股溝或面部。

19.敵人以右腿蹬踢你的腹股溝，你後撤右腳，身體右移，用左肘阻擊敵人的右大腿外側，在敵人右腿落

地瞬間，以右肘猛擊敵人面部。

然後，再以左肘猛擊敵人頭側，趁敵人中招發懵之際，用雙手抓住其肩部附近的衣服，猛力將敵人身體向你膝部扳按，同時用膝蓋猛力撞擊敵人面門。

20.敵人在身後將你的腰部連同手臂緊緊抱住，你晃動胳膊，並順勢快速下蹲使身體掙脫敵人的摟抱。然後你以右腳別絆敵人左腿，身體右後轉，順勢將敵人摔倒在地，制服敵人。

21.敵人從後面抱住你的腰部，你可用右肘、左肘連續向後猛擊敵人的頭部，將敵人打懵或分散其注意力後，迅速彎下身體，抓住敵人離自己最近的那一條腿，向前翻滾。敵人失去平衡，只能跟著滾動。倒地之後，敵人的膝關節已經被控制住，然後以反關節用力扳折，將其制服。

22.從敵人的身後靠近，將右臂猛地繞過其脖子和咽喉，用左手抓住自己的右手，用兩隻手的合力向後猛勒敵人的喉部，並且盡力將其向後拖，儘量將其拖倒在地。

23.正面抱住敵人的腰部後使勁搬動其背部，將頭貼在其胸前向前壓上去，同時用右腿纏住敵人的左腿，使其失去重心而倒地。此招被美國海軍陸戰隊稱為「收割」。

# ○ 第三章

# 美國特種部隊徒手制敵防身術

## 第一節　主動打擊

如果打鬥在所難免，美國特種部隊格鬥術提倡在格鬥開始時就應該積極爭取主動，把進攻作為最好的防守。所以你一定要做到先發制人，在對手尚未來得及反應時結束戰鬥，將其制服。但街頭防衛格鬥通常都會涉及法律問題，首先攻擊的權利必須建立在對方即將對你實施暴力基礎之上。

在日常生活中，儘量避免暴力衝突非常重要，但很多時候暴力事件還是在所難免，比如歹徒靠近你和你說話，然後鐵了心想要收拾你。在這種情況下，你沒有機會避免遭受對方的暴力攻擊，因為對方在向你逼近時已經下定決心要進行攻擊了。

這時你應該盡可能地透過語言緩和衝突，並做好攻擊準備。你必須在對方發起攻擊之前就發動搶攻，因為，雖然對方暫時還沒有大打出手，那是因為他還沒有做好充分的準備，他需要調整距離以便於實施攻擊。此時，你要透過你的語言麻痺對方，使對手覺得自己已經

控制了局面，而你暗中做好主動出擊的準備。當對手繼續向你靠近時，你突然出手攻擊，這樣可使對手猝不及防，遭受重擊。

## 一、訓練方案

1.假想空擊。想像你遇見敵人，突然實施打擊，使對手猝不及防。

2.擊打沙袋練習。擊打時要領悟如何調動全身力量，發揮體重優勢。練習時要將注意力集中在擊打上。

3.攻擊訓練夥伴。訓練夥伴戴著安全護目鏡，你對夥伴進行各種攻擊。

4.訓練夥伴向你靠近時，你突然實施打擊。

5.重點訓練你最擅長的徒手攻擊技術，要記住始終保持移動。

## 二、應用舉要

1.對方欲逼近攻擊我，我雙手上舉，並以語言吸引對方注意力。趁對方沒有防備時，我用左手快速掃擊對方的眼睛，緊接著，我再用右手以擺拳攻擊對方面部（圖112、113）。

2.對方向我靠近，我雙手攤開，並以語言安撫對方。趁對方沒有防備時，突然用右耳光抽打對手面部，接著，再用左手擺拳猛烈攻擊對手面部，最後我再以右直拳猛擊對手面部。將對手打懵後我則可以借機脫離現

圖112

圖113　　　　　　　圖114

圖115　　　　　　　圖116

場（圖114～116）。

3.對方向我靠近，我上舉雙手以向對方發出並不想發生暴力衝突的意圖。若對方執意要大打出手，我以左腳前踢其襠部，趁其中招彎腰之際，我快速用雙手控制住對手的面部，用兩手拇指插入對方的眼睛（圖117、118）。

4.當對手向我靠近時，我用左手快速掃擊對方的右眼。這種技術可以為我創造有利的戰機，因此我可以用右底掌猛烈推擊對方的下頜（圖119、120）。

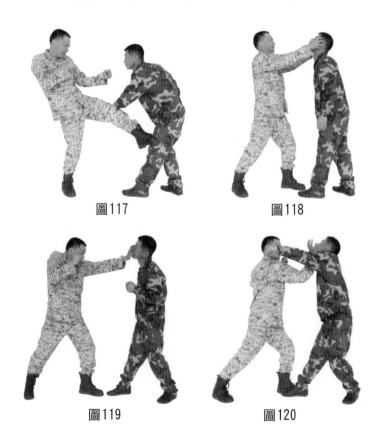

圖117　　　　　　　　圖118

圖119　　　　　　　　圖120

5.對方威脅要收拾我，然後欲從衣兜裡掏出武器，我迅速前衝並且抓住對方的手臂阻止他掏出武器，然後用頭部猛烈撞擊對方面部，並且將其摔倒在地，最後我用腳猛踩其手臂，然後逃離現場（圖121～123）。

圖121

圖122

圖123

6.我忽然以左手爪形掌戳擊對手眼睛。這種技術有利於為隨後更大力度的打擊打開缺口。因此，我可再用右直拳猛烈攻擊對手的面部（圖124、125）。

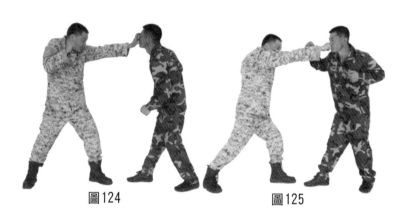

圖124　　　　　　圖125

## 第二節　抵抗對手的打擊

事實上，在士兵的職業生涯裡，受到攻擊的概率非常大。防止別人突襲最好的方式就是與別人保持一定的安全距離。遇到敵人時最好的策略就是先下手為強。但事實上常常卻是事與願違，因為敵人也可能先發制人，而且常常出其不意。這時就需要你運用良好的防禦反擊技能去收拾對手了。

**最好的防禦戰術是移動。**透過移動，你可以躲避攻擊，脫離對手的攻擊範圍。當遭受對手出乎意料的打擊時，你來不及躲避時，可採取盾形防守姿勢，然後實施反擊。

　　美國海豹突擊隊教官保羅‧維那克對於防守技術提出以下建議：「將你的一隻手臂彎曲，你的手接觸到你的肩膀。而此時，你的肘就會又尖又硬。當對方用拳頭攻擊你的面部時，把你的肘部置於你的面前，這樣對方的拳頭撞擊到你的肘部時就會受傷。當對方欲以腳踢擊你的腹股溝時，你將腿部彎曲，讓你的腳跟儘量接觸你的臀部。當對方腿腳踢來時，擺動你的膝蓋遮護你的腹股溝，讓對方踢來的腿撞上你的膝蓋。一旦對方的手或者腳受傷，你就可以運用手法、肘膝實施反擊或者使用降服技術，或者脫離現場。」

## 一、訓練方案

　　1.假想空練。

　　想像對手的攻擊方式，然後採用閃躲、格擋、抓握等手段防禦其攻擊，緊接著實施反擊。

　　2.站著不動讓夥伴靠近你，運用拳腳攻擊你，你採取相應的防禦反擊方法。

　　在訓練時，訓練夥伴動作要慢。放慢動作的訓練不但可以避免發生傷害事故，還可以使你看清楚對方是怎樣運用技術攻擊的。一旦你掌握了慢動作的訓練要領，就逐漸加快攻擊與防禦反擊的速度。

　　3.和同伴練習各種拳腳襲擊動作的防禦反擊方法。

　　在練習過程中，你能體會，只要自己應對得當，對手就難以打擊到你。

## 二、應用舉要

1.我與對手打鬥，對手以右直拳攻擊我的頭部，我以左手格擋對手來拳，同時用右擺拳攻擊其頭部，然後用左手臂將對手頭頸部纏鎖在腋下，窒息對手（圖126～129）。

圖126　　　　　　　　圖127

圖128　　　　　　　　圖129

2.我與對手打鬥，對方以左直拳攻擊我的頭部，我沉身躲閃，同時以左手直拳攻擊對手的腹部，緊接著，我上步到對方外側，並且控制對方頸後側，然後以左膝攻擊對方的腹股溝（圖130、131）。

圖130　　　　　　　　　　圖131

3.我與對手打鬥，對手以右擺拳攻擊我的頭部，我俯身潛閃，同時以右直拳攻擊對手的腹部，然後起身以左擺拳猛擊對手的頭部（圖132、133）。

圖132　　　　　　　　　　圖133

4.我與對手打鬥，對手以右直拳攻我的面部，我以左手格擋並擒抓其手腕，以右直拳猛擊對手的面部。趁對手中招反應遲滯之際，我快速用雙手控制對手頸部，並下壓，以右膝猛烈頂撞對手的襠部（圖134～136）。

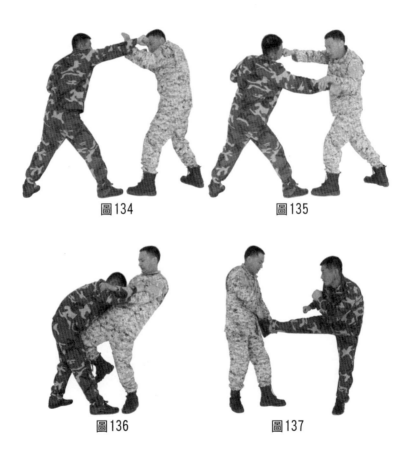

圖134　　　　　　　　圖135

圖136　　　　　　　　圖137

5.我與對手發生衝突，對方主動進攻時，我與其保持中等距離，對手以右腳前踢我的腹股溝，我後退同時抓住對手的腳腕，迅速以左腳彈踢對手的襠部，然後將

圖138

圖139

圖140

圖141

對手掀翻在地，用右腳踩踏對手的要害部位（圖137～
141）。

　　6.我與對手打鬥，對手兇猛前衝，以左直拳攻擊我
的面部，我直接以左腳猛力踹擊對手的腿部，緊接著再
以右掃腿猛踢對手的腰肋部（圖142、143）。

圖142

圖143

　　7.我與對手打鬥，對手以右擺拳攻我的面部，我以左臂格擋防守，同時以右腳彈踢對手的襠部。踢完後右腳落地，以左腳踢擊對手的膝關節，最後以右擺拳猛烈攻擊對手的面部（圖144～146）。

圖144

圖145　　　　　　　　　　　　圖146

8.我與對手打鬥，對方以右腳掃踢我的腰肋部，我立即用左手向上勾住對方的踝關節並纏抱對方的腿部，然後，右腳上步于對手支撐腿後絆別其支撐腿將其摔倒，然後用腳踩踏對手（圖147、148）。

圖147　　　　　　　　　　　　圖148

9.我與對手打鬥，對手以左直拳攻擊我的頭部，我以右臂格擋，然後抓住對手雙肩用頭撞擊對手的面部，接著控制對手頸部，同時以右膝猛撞對手的腹股溝（圖149～151）。

圖149　　　　　　　　　　　圖150

圖151

10.我與對手打鬥，對手欲起右腿攻擊瞬間，我搶先以左腳蹬擊對手的右大腿根部，緊接著以左右擺拳猛擊對手的面部（圖152～154）。

圖152　　　　　　　　　圖153

圖154

11.我與對手打鬥，對手以右直拳攻擊我的面部，我用左手擋住對手右拳的進攻，以右底掌猛擊對手的下頜。趁其中招反應遲滯之際，我以右腳插至對手右腳外側並向後別絆，將對手摔倒在地，再用腳踩踏對手的手臂，然後離開現場（圖155～158）。

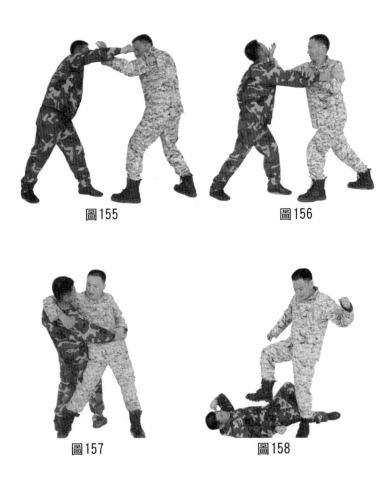

圖155　　　　　　　　　圖156

圖157　　　　　　　　　圖158

## 第三節　徒手鎖定和勒脖

在實際格鬥中，打鬥雙方都在快速移動時，想將對手鎖住是很難的。在腎上腺素的作用下，一些擒拿高手採用的鎖法也會變得不可靠。

在MMA中你看到的鎖法運用是有前提的，選手運用鎖法時不必擔心對手攻擊他的要害部位。而在實際格鬥中，你的擒拿動作稍微緩慢一些，都有可能被對手攻擊你的襠部或眼睛等要害部位。

一般而言，格鬥時儘量不要使用鎖法，因為對手時刻在注意你。但是，有時候鎖法還是可以被有效地運用，且必須在快速的前提下，在極短的時間內突然轉換攻擊方式。只有當你發現瞬間機會時，才可實施鎖法。這將取決於動作的過程和能量，如果開始時不用這種方法進行訓練，那麼你將無法運用它。

### 一、手指的鎖定

指關節最容易鎖定。十指連心，一旦被擒拿，疼痛難忍，牽動全身。手指關節是由短小的指骨連接而成的。它的活動範圍較小，易於前屈，如果使其伸直再用力向後扳或向兩側擰動，很容易造成脫臼或骨折。應用鎖指技術能夠使站著的對手失去平衡，無力反抗，或者使對手倒地。

當你折壓、扭擰對手手指時，出於自護本能對手往

往要順勢移向身體的反方向來減輕疼痛。這時就很容易牽制對手，使他的身體隨著被控制的那隻手的變化而變化。如果想要對手倒地，只需改變角度和力度，對手就會順勢倒下，而不倒的代價是——指關節韌帶撕裂或脫臼。

手指的鎖定技術大多數用於被對手控制的時候。如果對手從身後抱住你，企圖摔倒你時，你可抓住其一根手指猛折就能迫使其鬆手。如果對手抓住你的衣領時，你可以抓住對方的手指用力扳折。

## 二、手臂的鎖定

當對手伸出手臂（例如伸手推你或出手進行防守等）時，鎖臂將是一個很好的制敵方法。你可用距離對手較近的手抓住他的手腕，再用另一手直接抓住他肘部以上的胳膊。如果對手身強體壯，不要試圖將他拉向你，這是徒勞的。靠近對手，抓住他伸向你的手臂，然後用另一隻手的手掌向下拍按，並向前發力，壓迫對手的肘部，使其形成反關節狀態，牢牢控制他的手臂。

值得注意的是，不要認為只憑蠻力就可以將對手摔倒在地，而是要利用一些人體力學技巧。鎖住對手的肘部，用體重下壓，將其臉部朝下壓到地面，這樣可以使對方難以反抗。

一旦將對手壓到地面，繼續對其肘部施加壓力，並迅速把他被控制的手臂向上抬起。當對手被制服後，扭

轉其肘部，將其彎曲到合適的位置。在做這一動作時你
應該跪在對手身上，加強控制。用一個膝蓋抵住對手的
頭，另一個膝蓋抵住其肘部，從而約束和固定住對方的
身體，防止他翻身掙脫。

## 三、扭轉頭部

扭頭的技法較為實用。實施扭頭這一技術動作
時，需要用一隻手抓住對手的下頜，另一隻手抓住他的
後腦，轉動對手的頭部，致使其重傷。也可以用扭頭的
方法將其摔倒。這個招法的原理是「頭轉向哪裡，身體
就轉向哪裡」。

扭頭是一種簡單實用的方法，但是必須抓住對手的
頭部，否則不可能奏效。人們都有保護頭部的本能，所
以如果你直接把手伸向對手的頭部，他可能會攔截或推
開你的手臂。因此你要使用巧妙的戰略戰術，才能使此
技術奏效。

你可以透過抓住對手的一隻手或胳膊來吸引其注
意力。他會立即抽出手並打擊你，你要快速躲避他的攻
擊。在碰到對手的手後，將你的手伸向對手的下頜，並
將另一隻手按在他的後腦上。

大多數人不會預料到這種移動的意圖，也不會認為
它是一種攻擊的前奏。一旦你的雙手到達位置，就可以
扭轉對手頭部了。在扭轉過程中，你可以將對手的頭想
像成旋轉的籃球。

## 四、休克勒法

休克勒法也稱裸絞或頸動脈勒，是從對手背後實施絞殺的招數。這種方法被美國大多數警局所取締，因為員警在使用裸絞時經常鬧出人命。

士兵從後面靠近敵人，用右手臂纏住敵人脖子，將右肘置於其下頜下面。左臂壓在對手左肩上，右手指插進自己的左肘窩處。然後左前臂放在敵人頭部後面，利用兩臂擠壓、圈扼敵人。

敵人失去平衡且頸部暴露的時候，才是士兵運用裸絞的機會。為了在施展裸絞前破壞敵人的身體平衡，士兵可以將對手的頭髮、衣領、衣服或者前額朝後拉，然後施展裸絞術。

休克勒法一般適用於從背後偷襲敵人。如果從前面實施的話還要使用巧妙的戰術，士兵可以從側面迅速衝向敵人，一隻手擊打敵人肩部，同時用另一隻手抓住對方的另一個肩膀，一手拉一手推，使其背對自己，再實施裸絞。

## 五、訓練方案

1.與訓練夥伴對練，練習鎖指的方法，以及把同伴拖倒在地的方法。

2.訓練鎖臂的技術動作。練習時，讓你的夥伴彎曲肘部來對抗你。你用鎖臂技術制服他。

3.直接對著訓練夥伴的頭部練習扭頭技術，觀察夥伴如何輕易擋住你的手。再嘗試著將你的手伸到夥伴身體的中部，再次實施扭頭動作。你也可以嘗試接觸對手身體的其他部位來分散其注意力，從而更容易握住他的頭部。記住訓練時要注意安全，避免傷害到夥伴。

4.與訓練夥伴進行裸絞技術訓練，在進行訓練時要格外小心。練習裸絞時逐漸增加力量，直到對方認輸為止。練習從前方、後方、側面接近訓練夥伴，實施裸絞。

5.上面的技術訓練熟練後，讓夥伴經由轉向或是逃脫，來增加訓練難度，讓訓練更加接近實戰。

## 六、應用舉要

1.敵人從後面抱住我的腰部，欲將我摔倒，我左手抓住敵人的一根指頭或多根指頭猛折，敵人疼痛難忍而鬆手，我再以右肘向後猛擊敵人的面部（圖159～162）。

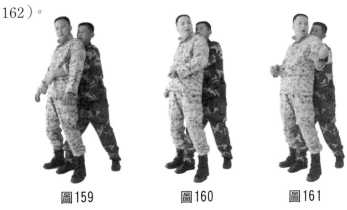

圖159　　　　　圖160　　　　　圖161

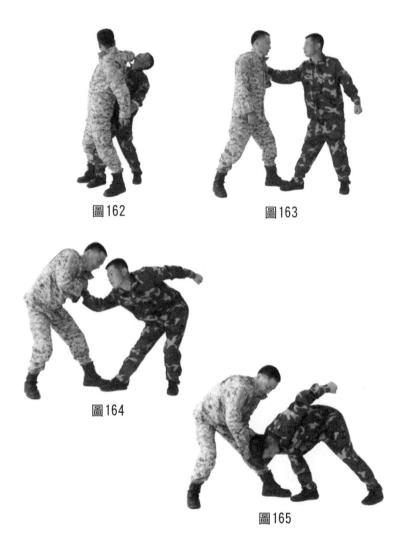

圖162

圖163

圖164

圖165

2.對手伸手抓住我的衣領，我迅速抓住對方手指將其向下折，並將其拖倒在地，然後施以別的招數制服敵人（圖163～165）。

圖166

圖167

圖168

　3.敵我打鬥，當敵人以右拳攻擊時，我用左手進行格擋，接著用右手抓手腕上抬，使其兩臂交叉。然後我以左掌攻擊敵人面部，再以右掌猛擊敵人下頜（圖166～168）。

4. 我悄悄靠近歹
徒，用雙手突然抓住歹
徒手臂，左手抓住其左
手腕，右手抓住其左
肘，緊接著用左手扭擰
其手腕，用右手向下猛
拍，並向前發力，壓迫
歹徒的肘部，依靠體重
將歹徒壓倒在地，將其
制服（圖 169～171）。

圖169

圖170

圖171

5. 我與歹徒相向而行，當靠近歹徒時，突然用右手
臂穿過歹徒的右肘部，左手順勢抓住歹徒右手腕，接
著，身體右轉，同時右手上抬再向下壓，將歹徒鎖定
（圖 172～174）。

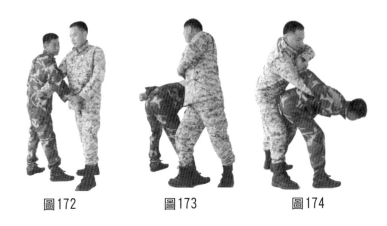

圖172　　　　　圖173　　　　　圖174

6.敵我貼身近戰時，我雙手分別揪住對方兩側的衣領，然後右手揪住其衣領一側壓著喉嚨向上抬、推，左手揪住其衣領一側反方向朝下拉，勒扼敵人（圖175、176）。

圖175　　　　　　　　　圖176

7.敵人用右直拳攻擊我的面部，我向敵人右側移動，同時繞到敵人身後，用右手臂纏住其咽喉，左臂上部壓在其左肩上，將右手插進自己左臂肘關節內側。緊接著，將左前臂置於敵人頭後面，利用兩臂擠壓、勒住對方（圖177～179）。

圖177

圖178

圖179

## 第四節　應對抓拿摟抱的襲擊

擺脫扼喉與摟抱是搏擊中必備的技術，因為很多歹徒在偷襲被害人時都採用扼喉、捂嘴、拉扯、摟抱等方法。此時如果你不立即掙脫和反擊只會被對方越勒越緊。

拆解被敵人控制住的技術有很多，但要有效地使用這些技巧，需要瞭解敵人的姿勢、平衡和力量的改變，採取適當的方法抵抗敵人。

### 一、應對抓握

當敵人抓住你的手腕、前臂等部位時，你可降低身體重心，將手臂抬起使手掌處於頭部附近以起保護作用，掌心朝向你的面部，同時右腳向斜前方跨步。舉起的手掌可以自動擰扭敵人的手腕，使你輕而易舉地得以解脫。若他還不放手，你的邁步將使他失去平衡。

這個技術很容易實施，但注意實施時要移動身體。如果你原地不動，就很難破壞敵人的平衡，而敵人也還可能會用後續招法來攻擊你。

如果敵人抓住你的手腕，你也可以屈腿沉身，迅速將被抓的手臂向自身抽回。緊接著，從體側出拳擊打敵人胸腹部。

## 二、應對熊抱

當有人從身後將你牢牢抱住時，你迅速將右腳邁向左前方，或是將左腳邁向右前方，藉由重心和向外向下的移動起到掙脫作用。

若你運用這個技術時，對手一直緊緊抱住你不放，他就會面臨被扭傷後背或被摔在地上的危險。如果有人從前面將你的腰部連同手臂一齊抱住，你可向身後撤步，重心順勢下移。運用槓桿原理將對手手臂以下的身體撬起來。如果你的手臂沒有被抱住，當你後撤步時，可以用靠外的一隻手臂纏住對手的頭部或頸部。

簡而言之，就是要在對手用力干擾你的移動時，起到反干擾作用。

在被摟抱時，牙咬、挖眼等手段將發揮出人意料的作用，可以使自衛者迅速解脫或進行反擊。如果一隻手被抓住，就應該用未被抓住的手直接攻擊對手的眼睛或咽喉。令人驚訝的是，在所有經過精心設計用來對付抓握的眾多方法中，用自由的手指戳擊對手的頸動脈或眼睛的效果是最佳的。

## 三、應對鎖頸

當有人用胳膊將你的頸部緊緊纏鎖在其腋下時，你可用力晃動身體，並向斜前方跨步。向前的衝力，再加上你自身的體重，便可以破壞對手的平衡，迫使他鬆開

夾緊的胳膊，為你的擺脫創造空間。當你向前邁步時注意把對手的肘部向前推，趁勢讓你的頭部擺脫出來，然後移動身體，脫離其攻擊範圍，再反擊對方。

當有人從前面用雙手扼住你的喉部時，你迅速向一側轉身並向身旁邁開一步，便可擺脫。你也可以用手攻擊對方。

如果有人從身後對你進行鎖喉時，你應該向側面跨出一步，同時降低自己的重心。需要注意的是，你跨出的腳應該與對手纏住喉嚨的胳膊處於同一側。一旦擺脫出來，立即與對手拉開距離，並掏出武器，幹掉對方。

如果敵人從身後對你進行鎖喉，並試圖將你向後拖。你可以向斜後方邁出離敵人最近的那隻腳，破壞其平衡。如果你還能由屈膝降低自己的重心，這個動作的效果就會更佳，可以進一步破壞敵人的平衡。如果敵人還不放手，你還可以利用體重，以「大背跨」的方式將其摔倒。

若敵人從後面用前臂對你實施鎖喉技法時，你應設法把喉結部位轉到敵人胳膊內側拐彎處，以免被窒息，然後迅速反擊敵人。可採用腳踢敵人的脛骨，踩踏敵人的腳背，或用肘擊敵人的肋骨等方法進行解脫。

如果敵人從前面扼住你的喉部，你可用戳眼、膝撞襠等技法得以解脫。總之，要視敵人體態位置，隨機應變、見機行事。

## 四、訓練方案

1.訓練夥伴靠近你，並試圖抓住你，你迅速移動出其攻擊範圍。

2.與訓練夥伴練習破解抓握、熊抱、鎖頸和鎖喉等動作的方法。

3.訓練夥伴控制住你，你透過有效的步法和身法從他的攻擊中掙脫出來。

## 五、應用舉要

1.敵我近距離扭鬥，敵人以右手攀住我的頸部，此時我的頭部被控制在其下頜的正下方，我先用右手攻擊敵人襠部，敵人受到攻擊後右手有所鬆動。我迅速把腿直起來，用頭頂向上揚撞擊敵人下頜。趁敵人中招發懵之際，我身體下蹲，從前面捉住敵人的雙腿向自己這邊猛拽。我再以右腳踩踏敵人的襠部，將其擊潰（圖180～184）。

圖180

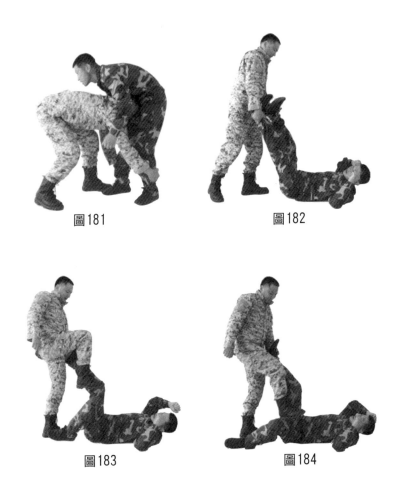

圖181　　　　　　　圖182

圖183　　　　　　　圖184

　　2.敵我近距離扭鬥，敵人雙手用力掐我的頸部，我突然下蹲，同時雙手由下向上從敵臂內側向外猛分，並迅速抓住其肩部或臂部用力下拉，同時用前額由下往上猛撞其下頜或臉部，趁其中招反應遲滯之際，我再以右擺肘攻擊敵人的面部（圖185～189）。

圖185

圖186

圖187

圖188

圖189

3.敵我近距離扭鬥，敵人從前面摟住我，我可用牙齒撕咬敵人的鼻子，然後，用左手虎口推擊敵人的脖子，再用右擺拳猛烈攻擊敵人的頭部（圖190～192）。

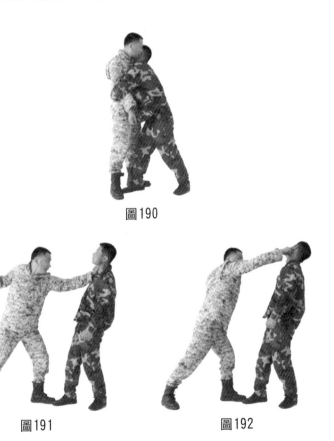

圖190

圖191　　　　　　　　圖192

4.敵我近距離扭鬥，敵人從前面抱住我的腰部，我以雙手拇指向上戳擊敵人的鼻子下部，當敵人被這種既簡單又易產生痛感的攻擊方式搞得疼痛難忍而拉開距離時，我再用右擺拳猛擊敵人的面部（圖193～195）。

圖193

圖194

圖195

5.敵我近距離扭鬥，敵人從側面用左手臂鎖住我的頭頸。我以右手向後推其下頷，左手上抬其腿。解除束縛後，即可控制敵人，將敵人摔倒在地，然後用腳踩踏敵人（圖196～201）。

圖196

圖197

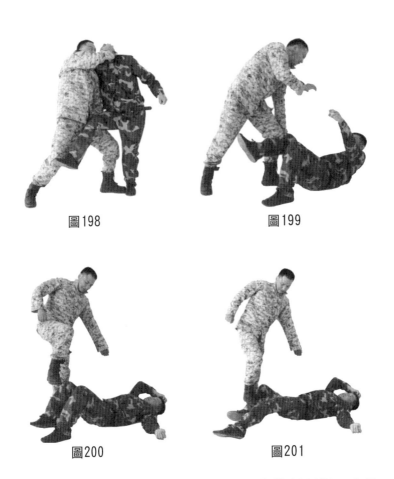

圖198　　　　　　　　　　圖199

圖200　　　　　　　　　　圖201

6.敵人從身後以壓頭技法扣鎖住我的頭頸部，我迅速以右腳跟向後猛力踢擊敵人的小腿脛骨。趁敵人中招反應遲滯時，我迅速移動臀部，繞至敵人側後方，以右腳絆別其左腿，使自己與敵人同時仰面倒地，而自己倒在敵人身上。倒下時趁勢以右肘頂擊其胸部（圖202～205）。

圖202　　　　　圖203　　　　　圖204

圖205

7.敵我打鬥，敵人俯身前衝，企圖對我實施抱腰摔時，我立即勾住敵人的手臂，將體重全部施加到敵人的腦袋和身上，將敵人壓於地上，制服敵人（圖 206～208）。

圖206

圖207

圖208

8.敵人由我身後用右臂鎖住我的喉嚨，我以左手抓其右小臂向下拉，避免其用力緊箍而使自己產生窒息，再以右拳向後用力擊打其襠部，敵人鬆手後，我再用右拳猛擊敵人的下頜（圖209～211）。

圖209　　　　　　圖210

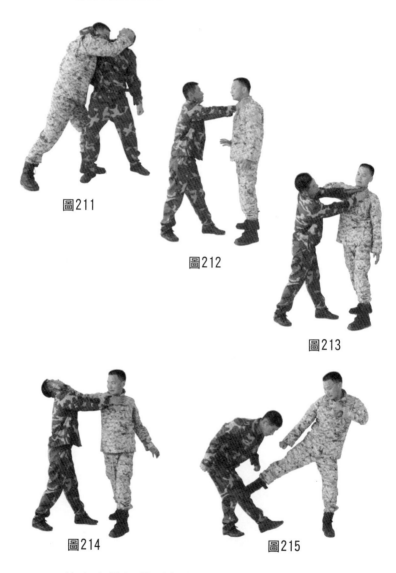

圖211

圖212

圖213

圖214

圖215

　　9.敵人突然以雙手扼住我的頸部，我立即用右手猛掃敵人手臂，然後用右掌沿反劈其面部。當敵人受擊後退時，我再用右腳側踹其膝關節（圖212～215）。

10.敵我近距離扭鬥，當敵人從前面突然抱住我的腰部欲實施抱腰摔法，我迅速將左腳後撤半步，雙腿略屈，防止被敵人摔倒，右手向下按其頭部，左手由下向上扳其下頜，挫傷其頸部，使其呼吸困難，喪失格鬥能力（圖216、217）。

圖216　　　　　　　圖217

11.敵我近距離扭鬥，敵人從前面用雙手扼住我的脖子，我左手抓住其右臂，同時向逆時針方向轉身，並舉起右臂猛砸，接著上身回轉，施右肘猛擊敵人面門，敵人受擊後退時，我再以右掌沿劈擊其面部（圖218～222）。

12.敵人從後面以右臂鎖住我的頭部，我迅速用雙手抓住敵人的手臂，順勢扭身掙脫頭部控制。緊接著，我將敵人右臂拉直，以右膝撞擊敵人的肋部，將其摔倒在地（圖223～225）。

圖218

圖219

圖220

圖221

圖222

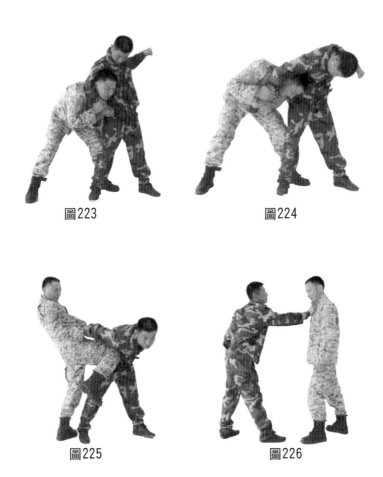

圖223　　　　　　　　　圖224

圖225　　　　　　　　　圖226

　　13.敵我近距離扭鬥，敵人以右手抓住我的胸部，我迅速以左手按扣其右手背部，緊接著以右腳猛力踩踏其右腳背部，趁敵人中招反應遲滯時，我右腳上於其右腳後，右手摟住其脖頸，將其絆倒在地（圖226～229）。

圖227　　　　　　　　　圖228

圖229　　　　　　　　　圖230

14.敵人從前面將我的腰部連同雙臂一齊抱住，我身體迅速下潛，同時將右腿從敵人兩腿間插入，雙手臂摟抱其右大腿，肩頂住其腹部，將其仰面摔倒，然後，我騎在敵人身上將其制服（圖230～232）。

15.敵我近距離扭鬥，敵人以雙手抓住我的肩部，我後撤右腿，同時雙手由下向上、向外猛力分開其雙手，然後雙手臂順勢由上經外向內纏抱其雙臂上提，挫傷其肘關節，緊接著，我再用頭部猛烈撞擊其面部（圖233～236）。

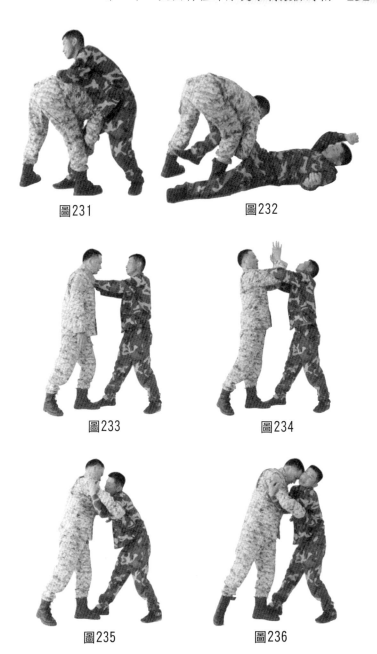

圖231

圖232

圖233

圖234

圖235

圖236

16.敵人用右手抓住我的左肩,我以右手抓住敵人的右手,用左臂壓纏住其右臂。接著用左腳踢擊敵人的右膝,將敵人踢倒後,我趁機逃脫(圖237～239)。

17.敵我近距離扭鬥,敵人從前面以右手抓住我的左肩,我迅速用右底掌猛擊其鼻子,敵人受擊後退瞬間,我用右腳迅速蹬踢其襠部(圖240～242)。

圖237

圖238

圖239

圖240

圖241　　　　　　　　　　　圖242

圖243　　　　　　圖244　　　　　　圖245

18.被敵人從後面抱住頸部
或腰部時，要準確地判定敵人
雙腿的位置，如其雙腳離自己
很近，以腳跟猛踩其腳背，若
感覺敵人雙腿是叉開著的，可
用腳跟向後上方猛踢其襠部。
水平後踢可踢中對方脛骨（圖
243～246）。

圖246

19. 敵我近距離扭鬥，敵人用雙手正面掐住我的脖子，我以兩小臂內側由外向內快速擊打其肘部，再以兩小臂向下壓其肘關節，鎖定其雙臂，迫使其彎腰，我再用右膝猛力撞擊其腹部或襠部（圖247～250）。

圖247

圖248

圖249

圖250

20.敵我近距離扭鬥，敵人用右臂纏鎖住我的頸部。我以右拳猛擊敵人的襠部，同時以左手指摳抓其面部，緊接著右手伸於其右膝窩後快速上提，將其抱起摔於地上（圖251～255）。

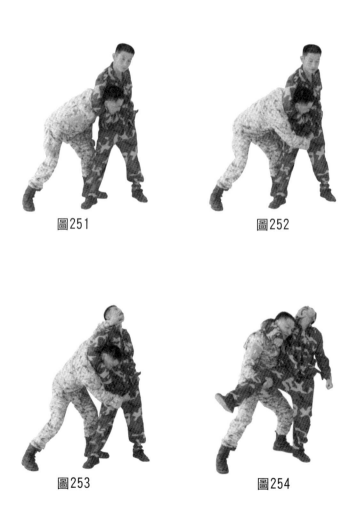

圖251　　　　　　　　圖252

圖253　　　　　　　　圖254

圖255

21.敵人從前面將我腰部與雙手一齊抱住，我以右腳猛踩其前腳，然後狠狠撕咬其左肩部。接著，我再用前額猛撞其面部，趁其受擊發愣之際，我再用右拳攻擊其面部（圖256～259）。

圖256

圖257

圖258

圖259

## 第五節　摔投技術

摔法是指在格鬥中用於破壞對方重心，並將其摔倒在地的技法。摔法是格鬥術中重要的一環，其技術極為豐富。大量格鬥戰例表明，如能成功運用一些摔法，將會在打鬥中起到舉足輕重的作用，有時甚至能決定一場打鬥的勝敗。

### 一、雙腿抱摔

實施雙腿抱摔時，用你的左右直拳攻擊對手的面部，可令對手重心移到後腿上或者失去平衡，或造成對手產生錯覺，迫使對手暴露出防禦上的空檔和破綻。然後接近對手，弓腰下蹲，雙手從外側抱住對方雙膝後方，頭部靠於對方體側，用蹬腿、展腹之力將對方抱起向後拋出，使對方越過你的肩部，翻身摔於你的身後（圖260～264）。

圖260

圖261

圖262

圖263

圖264

## 二、抓腿摔投

實施抓腿方式的摔法動作之前，先應試用一些可以使對手注意力分散或反應遲滯的攻擊方式，諸如用前臂攻擊其鼻子或用頭部撞擊其鼻梁邊緣等方法。一旦對手被擊倒地，那就由你任意處置了。

實施投摔技術前使對手攻防能力下降的一個絕佳方法就是，用頭部撞擊對手的面部，隨即，當對手受擊發懵時，從前面抱住其雙腿拉抽，將其摔倒（圖265～267）。你也可以從後面抱住對手的雙腿，將其摔倒在地

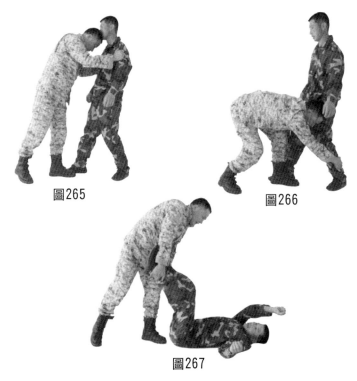

圖265

圖266

圖267

圖268

圖269

（圖 268、269）。

實施抓腿摔前也可用拳攻擊對手的面部，趁對手防守後仰時或者對手以拳攻你身體上方時，你在用左臂格擋後，迅速下潛，雙手抱住對手膝關節；同時，用肩向前頂靠，將其摔倒在地。

### 三、單腿抱摔

實施單腿抱摔時，用你的前手刺拳攻擊對手的面部，可令對手重心移到後腿上或者失去平衡，或造成對手產生錯覺，迫使對手暴露出防禦上的空檔和破綻。

然後，左腳踏於對方右腳內側，同時俯身，右手向外抱其左小腿，左手推其胸部，將其摔倒在地（圖270～272）。

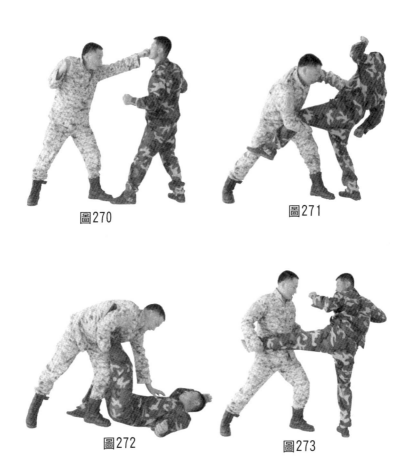

圖270

圖271

圖272

圖273

## 四、防踢抱腿摔

對方出左腿攻來,你用右手抱其左小腿夾於自己身體右側,左腳順勢插於對手右腳後,身體側對對手,然後將左腳向左後方擺動,絆對手右腿,左臂從右上方向左下方壓對手頸部,將其向後摔倒(圖273~275)。

圖264

圖265

## 五、抱腰壓摔

抱腰壓摔可以說是一種非專業的摔法，沒有練習過格鬥術的人有時也會使用這種技術。主動實施抱腰摔法時，先用前手刺拳開路（圖276），然後低頭弓腰快速衝向對手，雙手抱住其腰，使勁搬動其背部，將頭貼在對手胸前，並向對手身上壓上去，直接將其按倒在地（圖277）。

然後，騎在對手身上，猛擊對手，將其制服在地。抱住對手腰部後，你既可以將其摔倒在地，也可以將其衝撞到一些障礙物上，如牆壁、欄杆、機動車、桌子、樹木，或者任何能撞傷對手的物體上，然後再以身體近程武器猛烈打擊對手。

圖276　　　　　　　　　　　圖277

## 六、抱腰別摔

　　抱腰別摔在街頭打鬥中出現的頻率較高。施技時，先用前手刺拳開路，然後突然逼近對手，抱住對手腰部後使勁搬動其背部，將頭貼在對手胸前，並向對手身上壓上去，同時用你的右腳纏住其左腿，使其失去重心而倒於地面，然後再施展猛烈攻擊，將其制服（圖278～280）。

圖278　　　　　　　　　　　圖279

圖280

## 七、摟腰頂臀摔

以左手掌根猛頂對手右肩並揪抓其衣服，以左腳為軸向左轉180度，同時右臂摟住對手腰部，雙臂將對手拉向自己的右臀部，使其懸空。然後用臀部猛頂對手腰部，同時向前俯身，並用雙手往下猛拉其雙手，將其摔倒在地（圖281～284）。

圖281

圖282

圖283　　　　　　　　　圖284

　　你必須確保自己雙腳在對手兩腳之間，臀部緊頂在對手腹股溝處，屈膝，以爆發力將其從自己臀部上快速摔投出去。

### 八、摟腰轉臀頂摔

　　以左手掌根猛頂對手右肩並揪抓其衣服，右腳跨步到對手身後，同時右臂摟住對手腰部，雙方臀部相對，雙臂將對手拉向自己的右臀部，使其懸空。然後以左肘夾住對手右臂，以右臀為支點將對手摔倒在地（圖285～289）。

圖285

圖286

圖287

圖288

圖289

## 九、頂臀過肩摔

以左手掌根猛頂對手右肩並揪抓其衣服，把對手向自己方向拉拽使其失去重心，以左腳為軸向左轉180度靠近對手，同時以右手抓住對手右肩，雙臂將對手腰部拉向自己的右臀部，右腳位於對手右腳之前並稍靠外側。用臀部猛頂對手腰部，同時向前俯身，並用雙手往下猛拉對手手臂將其扛在肩上，隨即快捷兇猛地把對手從自己右肩上摔投出去（圖290～293）。

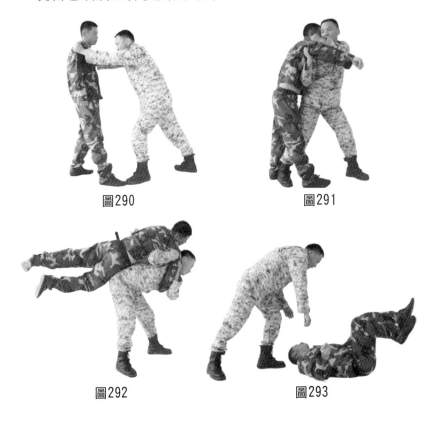

圖290　　　　　　　　　圖291

圖292　　　　　　　　　圖293

實施這種摔法之前向對手襠部施於踢擊效果更佳。這種摔法一般用於對抗對手用手緊緊抓住自己身體的鎖制，或用於對抗脖子上的鎖定及對抗來自背後的攻擊。

### 十、絆腿摔

左腳前跨至對手右腳外側，迅速以雙手掌根猛頂對手雙肩並揪抓其衣服。身體前移，重心移至左腳，同時右腿向前擺並向後方踢去，用小腿擊打對手右小腿。在後踢腿的同時，雙手猛推對手的肩部，將其摔倒在地（圖294～296）。

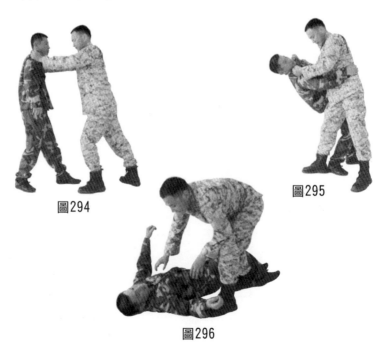

圖294

圖295

圖296

## 十一、由後蹬膝摔

由後面悄悄靠近對手，用右腳蹬踹對手的膝窩，同時用雙手抓住對手雙肩並向後拉，使對手失衡後仰倒地（圖297～299）。

圖297　　　　　　　　　　圖298

圖299

## 第六節 倒地後的攻防策略

如果你希望在摔倒之後還能倖存下來，最好的方法就是不要倒在地上。你應該儘量避免倒在地上進行格鬥，不管是主動的，還是被動的，因為那是一種很危險的情形。在那種情況下，你很難觀察到對手的手部動作，而且你的武器也很容易被奪走。

人們要問：「難道擒摔比不上打拳嗎？」很多人都認為摔跤術在實戰中非常實用。為了說明情況，需要閱讀國際格鬥術聯合會主席布拉德‧斯坦教授給他同事的一封信的摘要。

「在第二次世界大戰期間，除了傑克‧德姆賽外，實際上在美國、加拿大、法國、英國等國的軍隊中，每個從事單一的徒手和近身格鬥教學的教員都有高超的摔跤、柔道、柔術等令人生畏的武技背景。但是他們每個人都故意減少、降低和不重視格鬥，卻贊成基本的、簡單的擊打。而那些學員卻是要去準備戰鬥的男人，為什麼？好！你認為是為什麼？像派特（德莫特）奧尼爾、威廉‧埃沃特‧費爾班克斯等一些專家是那時在世界上獲得柔道（柔術）黑帶的第一批白人，他們分別是黑帶五段和黑帶二段。在第二次世界大戰前，當費爾班克斯還是上海警察局的專員時，就親自參加了超過600次的生死遭遇戰（武裝的和徒手的），難道你認為他們不明白什麼是真正格鬥所必需的嗎？」

　　美國軍事情報訓練中心負責近身格鬥訓練的前主任雷克斯上校也同樣認為：「與摔跤相比，擊打應該永遠是被優先選擇使用的方法。」雷克斯上校在戰鬥中積累了豐富的經驗，並為戰略服務辦公室（後來改為中央情報局）培訓了超過一萬名軍事和情報人員。

　　在格鬥中，應該盡力防止被對手摔倒在地。如果對手抓住你欲施展摔技，應該怎樣應付呢？首先不要慌亂，運用合適的防護姿勢，控制好自己的重心。如果對手抓住你，並試圖用腿絆倒你，你可保持移動，讓他不能得逞。如果對手已經抱住你，想依靠體重摔倒你，你可順著對手的發力方向，向旁邊跨步，借著對手的慣性將其摔倒。

　　如果你真的不幸被對手摔倒在地，首先應該做的就是避免在倒地時傷到自己。俯身倒地時，儘量擴大身體與地面的接觸面積，手掌和小臂形成穩固的三角形，確保腹股溝不會受到撞擊，面部扭向側面，防止鼻子撞擊地面。後仰倒地時，將衝擊力分散到肩胛骨區，同時抬起頭部，防止後腦撞擊地面。側身倒地時，用身體一側的腰、腿著地，防止脊柱和頭部撞擊地面。

　　如果你已經倒地，就必須想方設法儘快站起來。在這種情況下存在著兩種可能發生的狀況：一是你被摔倒，對手保持站立的姿勢接近你，並發起攻擊；二是對手騎在你身上與你纏鬥。

　　讓我們分別闡述一下這兩種地面格鬥術的訣竅：

## 一、你被摔倒，對手站立對你發起攻擊

如果你被摔倒，你應該立即採用倒地防禦姿勢，讓身體三點著地。這三點分別為支撐手、支撐前臂、同側的臀部和腰部位置。

雙腿彎曲，雙腳朝向對手，隨時準備踢擊。如果對手朝一側移動，你可以以支撐手為中心隨之旋轉，雙腳始終朝向對手。在地面上對站立的對手實施的防禦技術都是不太可靠的，但是我們還要盡力而為。

此種情況下，你可用一隻腳勾住對手的前腳，然後用另一隻腳蹬擊對手的脛骨。或者每當對手靠近時，都向他的膝蓋或襠部快速蹬踢，趁對手中招反應遲滯之時迅速站立起來。

## 二、對手騎在你身上與你纏鬥

對手騎在你身上的姿勢可能各種各樣，你的目標卻只有一個，那就是擺脫對方，站立起來將其制服。

在所有情況裡最不幸的一種是你的面部朝下趴著，對手雙腿分開跨坐在你的後背上，用拳頭對你的後腦和後背輪番猛擊。這時你應該嘗試著創造出足夠的空間，以便讓自己把身體翻轉過來，面朝對手。這個姿勢也不怎麼樣，但起碼比趴下要好些。

仰面被對手騎在身上的情況雖然同樣很被動，但至少你的手臂可以用來防護。而且如果對手是以這樣的姿

勢騎在你身上，你就有可能破壞他的平衡，將他從你的身上掀下來，再將其制服。

　　對手騎在你身上，雙手分別抓住你的兩個手腕，將你按在地上，形成穩固的四點平衡。你將雙手滑向頭頂併攏，破壞其平衡。接著你向一側翻身，致使對手失去平衡。將其掀翻後，你得以解脫。

　　當對手騎坐在你的胸腹部，並試圖出拳下砸你的頭部時，你應該努力將頭部向反方向偏離開。注意不僅要移動頭部，整個身體都要移動。如果對手強壯有力，你只能移動身體的上半部分，但這就足夠了。當你移動身體時，要上舉手臂，緊靠在對手的身體上。

　　例如，對手用右拳下砸你的頭部，你的頭部就要向左側躲閃，同時上舉右臂靠在對手右肩附近。緊接著，你的右臂開始向右側發力，利用對手向下揮拳的慣性破壞他的平衡，將其掀翻。

　　這個技巧的關鍵就是不要枉費心機地將對手抬起，或是將其身體向上推。這需要耗費很大的力氣，而且收效甚微。你只要簡單地扭動身體，手臂發力，就可以使對手失去平衡。

　　當對手騎在你身上，並用雙手扼住你的脖子。你可以用一隻手抓住其手腕，另一隻手抓住同一條胳膊的肘部，然後身體配合扭動，以及手臂的推力，將對手掀翻。

　　當對手趴在你身上時，你可以雙臂分別抓住其手

臂，兩條腿纏繞住其腰部，利用腰部和腿部的力量將其儘量拉近你，然後再猛地將其向後推開。當對手攻擊你的時候，你也可以利用這個方法暫時把他從自己身邊掀開，拉大距離使他搆不到你。

不過，這仍然只是暫時的辦法，還不能確保你免受傷害。因此，在推開對手之後，你應該迅速利用膝蓋在自己和對手之間製造出足夠的空間，然後用另一條腿踢擊對手，接著兩條腿交替踢擊，直到你獲得足夠的空間，盡力站起來，制服對手，或選擇逃離。

另外一種製造空間的方法，是以徒手攻擊破壞對手的平衡。如果你的一隻手是自由的，最簡單實用的方法就是戳擊對手的眼睛，那就可以破壞對手的平衡，為你創造出足夠的空間，並使你最終得到解脫。你也可以把一根手指戳進對手的眼窩。這樣一來，你不但輕而易舉地得到解脫，還能將其制服。

如果你的擺脫招式沒有奏效，與對手陷入僵持狀態時，你可以用雙手護住頭部，接著把腿伸到對手的兩腿之間，用膝蓋從後面全力撞擊其尾椎骨，同時把手肘放在對手膝蓋之間，由翻身破壞其平衡。

當然，在這種情況下，你同樣可以用手指戳擊對手的眼睛，你還可以擊打對手的褈部，也可以抓、攥和擰其生殖器。被對手壓在身下的纏鬥對你來說是最危險的處境，所以你也用不著講什麼規則，必須不擇手段儘快解脫。

## 三、地面格鬥訓練方案

儘管下面講述的訓練方案是分條介紹的，但訓練者在練習過程中嘗試著把它們整合成一個整體，從而更真實地模擬格鬥環境。練習時，要注意經常互換角色，從而獲得更深刻的感性體驗。

1.倒地動作要在軟墊上練習，以保證安全。訓練要由淺入深，循序漸進。

2.練習各種翻滾。

3.練習三點觸地的倒地防禦反擊動作。

4.練習從地上快速站起的技能。

5.你俯身趴地，訓練夥伴騎在你身上，練習本節介紹的解脫方法。

6.你仰面躺倒，讓訓練夥伴騎在你身上，對你實施拳擊、掐扼等攻擊，練習使用本節介紹的方法進行解脫。

## 四、地面格鬥應用舉要

1.敵人騎坐在我身上，將我雙手腕按壓於頭部兩側。我雙手伸向頭頂併攏，破壞敵人的平衡。緊接著，我向一側翻身，將敵人掀翻在地。

然後起身踩踏敵人的要害部位，或騎在敵人身上將其制服（圖300～305）。

圖300

圖301

圖302

圖303

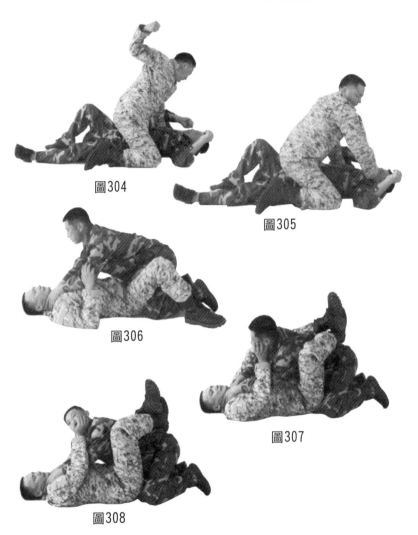

圖304

圖305

圖306

圖307

圖308

　　2.敵人趴在我身上，用雙手掐扼我的喉部，我用雙腿纏在敵人身上，使其向我靠近。我用右手抓住敵人下頜，左手抓住敵人後腦，雙手用力擰扭敵人脖子，重創敵人（圖306～308）。

3.敵人騎坐在我身上，以右拳砸擊我的頭部。我頭部向左閃避，同時伸出右手臂靠在敵人的右肩附近。緊接著，我用右臂掀推敵人右肩，身體向右扭動，使敵人失衡倒地。然後起身踩踏敵人的要害部位，或騎在敵人身上將其制服（圖309～311）。

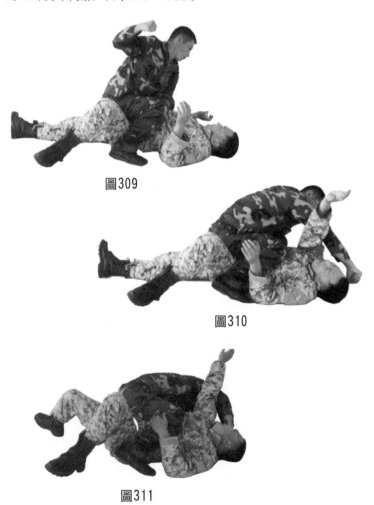

圖309

圖310

圖311

4.敵人騎坐在我身上，我將右臂伸到敵人的左腿下，並將其左腿抬起。緊接著用左手拉住敵人右手臂，將其掀翻在地，然後騎在敵人身上用拳猛擊敵人的面部（圖312～315）。

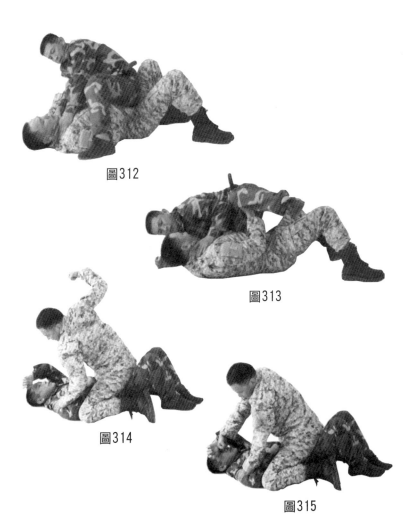

圖312

圖313

圖314

圖315

　　5.敵人在我身體右側，用雙手掐扼我的喉部。我抬起左腿，用左腿壓住其頸部左側，接著用大腿將敵人的頭部夾於中間。趁敵人忙於掙脫時，我可抓住敵人的一根指頭或多根指頭將其狠狠扳折，然後再施以別的招數重創敵人（圖316～318）。

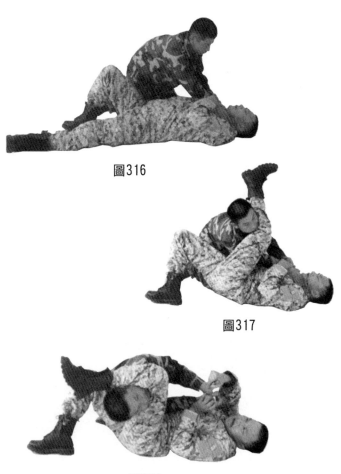

圖316

圖317

圖318

## 第七節　徒手與持武器的敵人搏鬥

### 一、與持槍的敵人搏鬥

士兵必須掌握好徒手對抗槍械的各種技術，因為士兵被敵人用槍逼住的概率確實較大。事實上，僅有少數的幾種方法可安全有效地用於對抗與持槍敵人的相峙。目前，各國的特種兵都在學習這些技術方法，包括美國的特種部隊、德國第九國境警備隊、法國的憲兵隊國際支部隊、以色列的摩薩德，以及英國特別空勤反恐人員等，因為這些技術確實較為實用。

與持槍械者格鬥的技術，必須是迅速有效的，而且從軍人盡職的角度講，還應該在盡可能的條件下，在打鬥結束時將槍支奪過來，用來殺掉敵人或使其喪失戰鬥力。

當敵人持槍頂住你時，你不應該僅僅用體力來對付他，還要用語言安撫他。軍事格鬥術強調運用欺騙手段。如果一個人用槍指著你的頭部，你應該舉起雙手，假意順從，以麻痺對方。同時，你應該告訴對方你可以給他任何東西。

在與對方的語言交流過程中，你就可以迅速使用奪槍反擊技術。在對方明白過來之前，他的手槍可能已經被你奪下，這樣你就處於有利地位了。奪槍的關鍵是抓住扳機和靠近扳機的槍管（或是槍管底部），同時朝相

反的方向迅速轉體，躲開手槍的直射範圍，然後採取毒
招猛擊對手。

### 1. 槍頂頭部時的防身術

當敵人持槍頂住士兵後腦時，士兵巧妙地站成防禦
預備姿勢。屈膝沉身，保持靈活，舉起雙手以示屈服。
然後以右腳為軸，迅速轉身，面對敵人。同時左手甩擺
過敵人持槍手臂的上方，並將其手臂緊緊地鎖在自己左
手臂與身體之間，然後用右擺肘猛擊敵人的面部。接
著，將右腿置於敵人右腿後進行掃絆，以右手掌同時擊
打敵人肩部，用腿絆手擊的合力將敵人摔倒。在地上用
毒招攻擊其眼睛、咽喉等部位，重創敵人。

當敵人持槍頂住士兵太陽穴時，士兵巧妙地站成防
禦預備姿勢。屈膝沉身，保持靈活。緊接著抬起左手，
迅速抓住敵人的持槍手腕，將敵人的手腕鎖定向下壓，
並將該臂向肘部扭轉，之後再以一定角度擰轉。士兵以
右腳為軸轉體180度，將敵人摔倒在地。在地上用毒招
攻擊其眼睛、咽喉等部位，重創敵人。

當敵人持槍頂住士兵前額時，士兵巧妙地站成防禦
預備姿勢。屈膝沉身，保持靈活，舉起雙手以示屈服。
緊接著，士兵用右手迅速地抓住敵人持槍的手腕，利用
夾腕技術將其手壓下，轉向其肘部，順勢再將此手臂向
一定角度擰轉。在鎖定其腕部的形勢下，士兵回步將對
手摔倒在地。在地上用毒招攻擊其眼睛、咽喉、腹股溝
等部位，重創敵人。

## 2.槍頂胸部時的防身術

當敵人持槍頂住士兵胸部時，士兵巧妙地站成防禦預備姿勢。突然向左前方邁出一步，左臂抬至敵人持槍手臂的肩部上方，用雙手抓住其手腕，使其槍脫手。緊接著，士兵左腿踢出，將體重壓在敵人的持槍手臂上，將其壓倒在地。在地上用毒招攻擊其眼睛、咽喉、腹股溝等部位，重創敵人。

## 3.背後有槍時的防身術

如果敵人從後面用手掌推擠士兵後背，而他的槍並沒有接觸士兵背部，只是槍口對著士兵臀部，士兵可採取大轉身動作向外轉動到敵人身後。緊接著用一手臂纏住敵人頭部，用另一手擒住其手腕，令其失去平衡。

現在再以押解俘虜前行的場合為例。通常的情景是，押解俘虜者邊走邊向俘虜的背後戳擊、催促，這種做法使押解俘虜之人有一種盛氣凌人的氣勢。為了逃脫，士兵可以走曲線，可以將左腳以90度的角度向左跨出，突然轉動身體，轉到對方身後，將其制服。

## 4.抵抗長槍的防身術

敵人雙手持長槍站在士兵身前進行威脅，士兵可迅速向前跨一步，衝到敵人側面，用左手抓住其槍，並把它推到右邊。右手將武器夾到自己右腋下。緊接著，用左手攻擊敵人的面部、喉部或襠部。

## 5.訓練方案

（1）假想空練。假想敵人手持槍械頂住自己的不

同部位，自己防禦後進行反擊。

（2）對練。訓練夥伴用槍頂住你身體不同的部位，你防禦後進行反擊，訓練從不同角度解除武器的方法。

（3）訓練長槍的繳械技巧。

### 6.應用舉要

（1）敵人右手持槍指住我的胸部，我立即以左手推抓敵人右手腕，同時迅速向左閃躲、避開手槍射擊範圍，左手在後拉敵人右腕的同時，以右手戳指攻擊敵人眼睛，再用雙手抓住敵人持槍手腕沿逆時針方向擰轉，用右手將其手槍奪下，並用手槍砸擊其頭部（圖319～323）。

圖319

圖320

圖321

圖322

圖323

（2）敵人右手持槍抵住我的後背，我身體迅速向左後方擰轉，並以左手將對方持槍手撥開。隨即以左手控制住敵人右手腕，並以右手指戳擊敵人眼睛，接著再用右肘撞擊其面部（圖324～327）。

圖324

圖325

圖326

圖327

（3）敵人右手持槍頂住我的後背，我佯裝投降，隨即迅速向左後方轉身，左手控制住敵人右手臂，上右步於敵人右腿後，以右底掌猛推敵人下頜，將敵人摔倒後，順勢奪下手槍，制服敵人（圖328～332）。

圖328

圖329

圖330

圖331　　　　　　　　　　　圖332

（4）敵人用槍指著我的頭部，我將頭部向旁邊移開，同時用左手抓住敵人的手腕。接著，用右手抓住槍管，並且將手槍從敵人手中奪下。然後我用左底掌推擊敵人下頜。敵人受擊後，與我拉開距離，我再用槍來控制敵人（圖333～338）。

圖333　　　　　　　　　　　圖334

圖335                    圖336

圖337                    圖338

## 二、與持刀的敵人搏鬥

當敵人持刀攻擊你而你赤手空拳時是很危險的。在這種情況下，沒有什麼技術可以確保你萬無一失。因而當你面對敵人持刀攻擊時，較明智的選擇是迅速逃離危險區。

　　因為不論敵人的實力強弱，刀子本身就為敵人增添了勝算。如果你處於一個狹小的空間無法逃脫，或者是由於職責所在不能離開時，你就必須在控制敵人刀子的同時打擊對方。

　　令人遺憾的是，多數防衛匕首攻擊的方法被教授得太不符合實際了。

　　海豹突擊隊教官保羅‧維那克指出：「很多人可能會說在保護自己的要害部位的同時，攻擊對方的眼睛或者是襠部或者是膝蓋。我們已經用這種方式實驗了27年。我們用銳器進行驗證。結果此種方式根本行不通。在真實搏殺中，敵人會瘋狂地、猛烈地劈刺你。如果持刀的人像以前空手道比賽中的選手那樣攻擊的話（只是輕輕地觸摸而不真打），你倒是可以運用攻擊對方要害的技術。但是，如果對方像野狗或者是瘋狂的越獄者一樣猛攻你時，你不可能有機會攻擊到對方的眼睛或者是襠部，因為你這樣做很快就會被劈刺得血肉模糊。在這種情況下你唯一能做的事情就是拼命地扭住對方的持刀手，然後咬對方的手。此時，對方可能會有一些機會戳或者是劈你，這些都不會是致命的創傷。此種情形下你能夠生存的概率還是比較大的。對於像我這樣訓練了30年的格鬥專家來說，我認為我在這種情況下生存的概率是30％。如果有人告訴你不同的論調，他是在騙人。30％的機會總要好過於沒有機會吧。」

　　軍事格鬥術主要包括四種基本防禦刀子攻擊的方

法，即防備刀刺戳胸腹部，防備刀反手揮砍，防備刀正手揮砍，對舉刀過肩向下刺戳的防衛等。

訓練的目的是教會你如何在敵人以這幾種運刀軌跡攻擊你時快速控制敵人。你不要只看到敵人的刀子，而是應該使用手臂控制敵人的整條手臂。也可以在控制住敵人手臂後將其摔倒在地並且實施攻擊。摔法不僅僅使對方摔倒在地，還可以由撞擊使其受傷，另外還能為後續的打擊創造條件。

### 1.防備刀直刺

敵人持刀直刺士兵胸部，士兵迅速側閃躲開刀子。緊接著用雙手將敵人持刀手腕握住，將右腳稍微向後移動，身體向右轉動，此動作可使敵人肘部受到損傷。士兵將自己兩個拇指按在敵人手背，右拇指在上，左拇指在下，順勢將敵人手腕向肘部猛掰，再把其手腕向自己身體上方扭擰。

士兵左腿向後繞退一步，在控制住敵人手腕的情況下，伸直自己手臂，從而將敵人摔倒在地。

敵人持刀向上戳刺，士兵迅速閃躲避開刀子，緊接著迅速將敵人持刀手腕撥向側面，左臂彎曲夾持住敵人持刀手臂。然後，士兵向後稍移右腳，身體向右轉身，使敵人肘部成反關節狀態。緊接著，士兵將雙手拇指按壓在敵人持刀手背中心位置，右拇指在上，左拇指在下。以右腳為軸轉體，將敵人腕部向肘部回折。

為了使敵人倒地，士兵左腿跨出一步，向後轉

體，在繼續控制住敵人手腕的狀態下，將自己手臂伸展出去，並出腿絆倒敵人。敵人倒地後，在地上用毒招攻擊其眼睛、咽喉、腹股溝等部位，重創敵人。

## 2.防備持刀揮砍

當敵人持刀以正手揮砍時，士兵移動腳步，運用雙封堵技術去攻擊敵人持刀手的前臂部位，準確地將雙手分別置於敵人持刀手腕上方和肘部下方。士兵牢牢地擒住敵人持刀手腕，使其放鬆對刀子的握攥。士兵在拉拽持刀敵人手臂的同時，以右肘猛擊其面部，使敵人向前傾倒。

士兵用左臂纏繞住敵人持刀手臂，將其手臂鎖夾於自己左腋下，用右腿將敵人掃倒在地。在地上用毒招攻擊其眼睛、咽喉、腹股溝等部位，重創敵人。

當敵人持刀以反手揮砍時，士兵向左移動身體，避開刀子的攻擊路線，兩隻手臂形成雙重鎖定，一隻手臂放在敵人持刀手腕上方，另一隻手放在敵人持刀手臂的肘部下方。雙重鎖定動作成功之後，士兵抓住敵人的手腕，用自己右手將其向下方扭轉。

在把敵人持刀臂的前臂在肘部下方牢牢控制住的時候，士兵用左掌根擊打敵人肘部，迫使其向上。士兵實施堅定的錘式鎖定，並開始將敵人壓向前下方。以錘式鎖定為支點，士兵用肘部猛壓敵人肩部，使敵人面部朝下倒地，然後在地上將其制服。

### 3.對舉刀過肩向下刺戳的防衛

敵人舉刀過肩向下刺戳時，士兵快速前跨左腳，同時用左手臂進行高位封堵。士兵把持刀的手臂牢牢地夾制在自己的左腋下，用右掌根猛擊敵人下頜。同時，士兵用右腿掃絆敵人，將其摔倒在地。然後，在地上用毒招攻擊其眼睛、咽喉、腹股溝等部位，重創敵人。

### 4.訓練方案

（1）假想空練。假想敵人手持刀子攻擊你身體的不同部位，你防禦後進行反擊。

（2）對練。你徒手與持有模擬刀的對手進行對練。陪練持模擬刀攻擊你身體的不同部位，你防禦後進行反擊。

（3）你戴上護目鏡，陪練手持沾過顏料的大刷子攻擊你。你防禦後進行反擊。訓練時，你身上留下的顏料會告訴你挨了多少刀。

（4）與手持真刀的夥伴進行對練，訓練一定要注意安全。經過一段與持真刀夥伴的對練之後，再次用大刷子進行對練。

### 5.應用舉要

（1）敵人右手持刀由上向下攻擊我身體的中上段，我靠近敵人，用雙手虎口朝上阻擋並抓住其持刀手腕，接著身體右轉，猛力拉拽敵人，使其倒於地上，將其制服（圖339～343）。

圖339

圖340　　　　　圖341

圖342　　　　　圖343

圖344

圖345　　　　　　圖346

（2）敵人持刀靠近我，我
突然以左腳踹踢敵人前腿膝關
節，趁敵中招發懵之際，我用
右膝從敵人持刀手臂下猛撞其
右肋。緊接著，我牢牢抓住其
手臂擰扭，並扭動身體用全身
的重量將其拉倒在地，奪下其
刀，將其制服（圖344～348）。

圖347

圖348

圖349

圖350

圖351

圖352

（3）敵人從後面用左手抓住我的肩部衣服，右手持刀壓在我的喉部。我用雙手把敵人持刀手臂壓平於自己胸部上端，使其無法用刀割喉。同時，將右手移動到其前臂處。在把敵人的臂和手都控制住的情況下沉身彎腰，將敵人背到後背上，緊接著，猛抬臀部將其從我頭部上方摔過去（圖349～352）。

（4）當敵人持匕首由下向上挑刺我的腹部時，我身體略後移，用兩手虎口向下抓住敵人持刀手腕，向後扭，同時向其右側身後跨步，身體右轉，右臂趁機插向其右腋下，抓按其右肩，左手向上推其持刀手腕，將其右手臂扭擰到背後，迫使其俯身彎腰，再將其控制（圖353～356）。

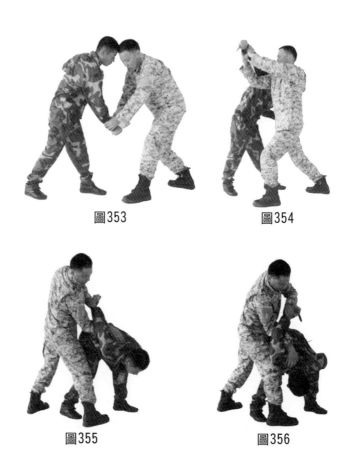

圖353　　　　　　圖354

圖355　　　　　　圖356

（5）當敵人反持匕首向我身體中段平刺時，我向左閃避，同時以右手擒抓其持刀手腕並回拉，以右腳內側踩踏敵人右膝外側或膝窩處，迫使其倒地。

接著左手抓握住敵人下頜，向左後方使勁扳擰，同時以左膝抵住其後背，右側髖骨頂住其持刀手臂肘部，右手向後猛扳，使其肘部形成反關節狀而脫臼，再將其制服（圖357～359）。

圖357　　　　　　　　　圖358

圖359

## 第八節　寡不敵眾的局面

如果你遭遇很多對手，就要連續不停地移動腳步。如果對方圍成一圈，你要向圈外移動，不能讓對方接近你，也不能讓任何一個人靠近你的身後。重要的一點是你要保持眼、腳和身體的移動，不能站立不動，要用手臂擺動、拉拽和比劃。

當對手決意要靠近實施攻擊時，這些要點可以阻止對手同時進攻。如果某個傢伙顯然是這群人的首腦，那就遵照「擒賊先擒王」的原則儘量下狠手先將他制服，制服這個傢伙後，剩下的人可能會因為失去主心骨而退開。美國海豹突擊隊教官凱德‧科特立說道：

「與海豹突擊隊一隊度週末時，我們幾個人決定去聖地牙哥的海濱酒吧喝酒。可以想像，局面開始變得緊張，最後，其中一個當地人開始說髒話。我們沒有意識到這個令人討厭的當地人在酒吧裡有40個親密的朋友。在酒吧前面的街道上，我們5個人背靠背圍成一個圈。我們發現捅了馬蜂窩，現在必須應對這一群『大黃蜂』。海豹突擊隊員雖然身體強健，但仍不足以以五敵四十。相當有趣的是，等到我們制服了這群人的頭目時，整個事件立刻平息。幾乎是頃刻之間，其他人也喪失了鬥志。在員警到來之前，我們幸運地離開了那裡，身上只有幾處擦傷。」

你儘量用隨手可得的物件作為武器盡力讓局面保持

均衡，絕不讓對方輕易得手。如果沒有機會撿起物件，那你只能靠赤手空拳來保護自己了。

此時你下手一定要狠。你可以用手指戳擊離你最近的那個人的眼睛，然後迅速繞到第一個被你擊傷的人的背後，將他控制在你與別的對手之間。從對手的後面用掌劈打其頭部和頸部，戳擊其眼睛，建立一道防護屏障。當你試圖從包圍中脫離並跑開時，要在擊打後改變方向，再繼續擊打，就像帶球跑那樣。

當你轉身時，要用腳不斷地踩踏對手的腳背，這樣不僅能保護你的身體平衡，踩傷對手的腳背，而且還可以給想要抱住你腿的對手製造更多的困難。

如果你被摔倒在地面上，此時你的第一要務就是用雙手遮護頭部，以雙肘保護身體側面。即使倒地也要竭盡全力進行反擊，用腳踢對手小腿、襠部，只要有機會就抓住並扭對手的腳踝。抓住一切可能的機會站立起來繼續搏鬥或跑開。

具體訓練方法如下：

## 一、箱形頭巾訓練

海豹突擊隊中有一種與眾不同的訓練方法，叫作「箱形頭巾訓練」（Hooded-Box Drill）。訓練時，士兵手持步槍，腰別手槍，站在一間比較黑暗的亂糟糟的房子裡。接著，會有一塊60公分×60公分的頭巾從天花板上掉下來蒙住士兵的臉。

　　這個訓練是為了鍛鍊士兵立即做出評估和反應的能力。一旦頭巾被拿掉，士兵只有不到1秒的時間對他所處的形勢做出判斷，並迅速做出反應。

　　在軍事行動和現實生活中，形勢轉換非常快。這是一個奇特的訓練方法。尤其是當頭巾被掀起來時，在離士兵一步之遙的地方站著的4個人馬上靠近士兵實施攻擊。士兵做出反應，進行應對。

## 二、團夥攻擊訓練

　　這種特殊的訓練要用極限的速度和強度去做，每次10～15秒鐘。找4個或更多的陪練，還要懸掛1個重型的沙袋。

　　3個陪練各持1個面積較大的靶墊。第4個人站在房間燈的開關旁，輕快地按電燈開關。你閉上眼睛並轉身。2個陪練手持靶墊猛烈地攻擊你，同時第3個人把靶墊扔到你的腳下，企圖絆倒你，這其實是一個迷惑人的方法。

　　第一次被靶墊攻擊後，馬上睜開眼睛，調整身體，找到沙袋並進行攻擊。同時避開並攻擊陪練手持的靶墊，但要把注意力集中在沙袋上，把它作為你的主要攻擊目標，還要抽出時間自由地踩擊地上的腳靶（就像踩擊攻擊者的腳一樣）。在燈光亮起的剎那間，你迅速移動，使沙袋處於你和最近的攻擊者之間時，迅猛地攻擊沙袋。要隨心所欲地擊打，擊打時要大聲喊叫。

# ◎第四章

## 利用日常物件制敵

　　軍事上不可能存在純粹的空手對空手的格鬥，所以要學會善於運用武器。士兵除了肢體武器——手、腳、膝蓋、肘部、頭部、牙齒等，其他任何可以拿在手中、用於打擊敵人或削弱敵人的物品，都是士兵理所當然應當使用的附加武器。

　　據美國海豹突擊隊教官凱德·科特立說：

　　「我的一個前隊友在伊拉克遭到襲擊，不但他的步槍被毀，手槍也沒子彈了。他必須立即評估現狀，看能抓到什麼可以當作武器。因為敵人換子彈，他得以抓起一個烤爐，用作致命武器。因此他成了美國用小爐灶殺人的第一人。這是一件真實的事情，它說明了臨時湊合是怎麼回事，身心的承受力和海豹突擊隊思維的應用會救你的命。」

　　無論你身處何方，都可以進行情景感知訓練，環顧四周，尋找可以用作武器的東西。

### 一、戰場上

　　⊙ 用於挖戰壕的鐵鍬是件絕佳的武器，尤其是把

邊緣磨得鋒利後，揮舞起來像一把大刀。士兵可以用鐵鍬的邊緣劈掃敵人的頸部和喉嚨。

◉ 頭盔可以用來打擊敵人的面部和頭部。

◉ 帳篷的支柱和銷釘都是很有用的制敵武器，它們可以像刀子一樣攻擊敵人的喉部、眼睛和腹股溝等部位。

◉ 固定帳篷用的繩子和電話線都可以用來勒死敵人。

## 二、衣 物

◉ 可以用皮帶像鞭子一樣抽擊敵人。

◉ 脫下的衣服在抵抗刀子等尖銳的物品時很有用處。

◉ 襪子裡裝上沙土或硬幣可以用來攻擊敵人。

## 三、廚 房

◉ 用刀、叉、擀麵杖、水壺、炒鍋、蓋子等作為武器攻擊敵人。

◉ 滅火器既可用來砸擊敵人，也可打開噴霧器糊住其眼睛。

◉ 可以用麵粉撒向敵人的面部，迷住其眼睛。

◉ 可用胡椒粉和咖喱粉來撒向敵人面部。

◉ 可用火鉗來打擊敵人。

## 四、車　庫

⊙ 工具箱中的鉗子、扳手可以用來打擊敵人。

⊙ 螺絲刀可用來戳擊敵人。

⊙ 將車鑰匙從指頭縫中伸出，攥住拳頭，用來攻擊敵人的眼睛。

## 五、飛機上

⊙ 可以用書籍揮砍敵人咽喉或進行投擲。

⊙ 捲起的雜誌能像短棍一樣劈打或者刺戳敵人的咽喉或臉部。

⊙ 從飲料車上拿起飲料砸向敵人的眼睛。

⊙ 用毛毯蒙住敵人的面部，再用別的攻擊方法將其制服。

## 六、客　廳

⊙ 可以將開水潑向敵人的面部。

⊙ 可以用煙灰缸砸擊敵人，也可以像飛盤一樣投向敵人。

⊙ 如果你被敵人牢牢地抱住，但有個打火機觸手可及，你可用打火機的火苗燒敵人。

## 七、野　外

⊙ 用樹枝來戳擊敵人的眼睛，或者劈打敵人的手

腕、肘關節等部位。

⊙用石頭砸擊敵人。

⊙可用沙土扔到敵人的面部，讓其暫時睜不開眼。

## 八、辦公用品

⊙筆記型電腦可以抵擋敵人的攻擊，也可以用來砸擊敵人。

⊙釘書機可以砸擊敵人的面部，也可以像鉗子一樣夾住敵人的手指，將其扳折。

⊙尺子可亂砍亂戳敵人。

⊙剪刀用來戳刺敵人。

⊙電腦和印表機上面的電源線、電纜、網線也可以用來抽打敵人。

⊙辦公用筆可以用來戳擊敵人。

總之，如果你發現有人企圖傷害你，你可利用隨手可得的一切物件進行自衛防身。如果你能甩、扔、戳、格擋、噴灑、勒扼……你就做吧。

## ● 第五章

# 美國特種部隊格鬥術
# 所需要的身體訓練

　　美國特種部隊對其隊員的體能素質要求極高，他們必須擁有極強的力量素質、靈敏素質和強健的心肺功能，而這些必備素質也是完成指定軍事任務的前提條件。

　　近身格鬥是非常耗費體力的。如果一名格鬥者缺乏強壯的體能基礎，那麼心理上的壓力、高強度的體力消耗，以及疼痛的煎熬等等，所有這些結合起來，就會在極短的時間裡耗盡他的格鬥潛力。所幸的是，在美國特種部隊中有一些活潑有益的體能訓練方法，能幫助士兵迅速提高身體的格鬥能力。

　　現在將美國海豹突擊隊基本體能訓練項目和動作簡介介紹如下。

### 一、體能訓練項目

⊙ 傑克跳60秒，重複50次。

⊙ 二分之一傑克跳60秒，重複50次（2拍）。

◎雙臂全方位伸展60秒，重複10次。

◎屈伸腿（全部變換練習）60秒，重複60～100次。

◎俯地挺身60秒，重複30次。

◎交替式擺腿60秒，重複25次。

◎蝴蝶式伸展30秒，重複2次。

◎髂脛束ITB伸展60秒，每側2次。

◎坐位三式股二頭肌伸展180秒。每側重複2次。

◎泳姿拉伸30秒，重複2次。

◎鑽石俯地挺身60秒，重複30次。

◎仰臥起坐60秒，重複30次。

◎寬距俯地挺身60秒，重複30次。

◎仰臥背部伸展30秒，完成1次。

◎俯臥上身拉伸30秒，重複2次。

◎俯臥超人式拉伸60秒，每側重複10次。

◎雙腳沖天60秒，重複30次。

◎跪地後踢腿60秒，每條腿踢30次。

◎雙手置於膝側下蹲30秒，重複10次。

◎後肩部或上背部伸展30秒，重複2次。

◎三頭肌伸展60秒，每側2次。

◎弓步拉伸髖關節肌肉群（俄羅斯舞者）30秒，每側2次。

◎坐姿四頭肌伸展30秒，每側2次。

◎立姿提踵60秒，重複30次。

⊙腓腸肌／比目魚肌伸展30秒，每側2次。

⊙俯地挺身60秒，完成極限次數。

⊙雙桿臂屈伸60秒，完成極限次數。

⊙爬繩訓練1次。

## 二、體能訓練技術動作簡介

### 1.傑克跳

立正站好，兩腳分開跳起，同時手臂舉起，在頭頂拍手，還原動作。

### 2.仰臥起坐

仰臥起坐是美國特種部隊的體能測試項目。它能鍛鍊背部肌肉、腹部肌肉、臀部肌肉。

【動作要領】平躺於地面或墊子上，雙腿挺直固定，上體用力前屈坐起，然後身體恢復仰臥。以此重複練習。

### 3.腹肌屈伸

腹肌屈伸是絕佳的鍛鍊腹肌的方式，它的功效甚至比仰臥起坐還要好。

【動作要領】身體平躺於沙坑或墊子上，兩手向後抱頭，然後屈身，雙膝向上抬起，同時利用腹肌帶動背部離地，使頭部與雙膝接觸後身體恢復仰臥。以此重複練習。

### 4.俯地挺身

俯地挺身是美國特種部隊的體能測試項目，既能訓

練力量，也能訓練耐力。

【動作要領】兩手撐地（根據兩手的距離，俯地挺身包括常規、寬距、窄距等形式），手指向前，以兩腳掌支撐地面，身體成直線。屈臂至胸部接近地面，然後快速發力推起至兩臂伸直。做動作時身體保持挺直。以此重複練習。

### 5.引體向上

引體向上也是美國特種部隊的體能測試項目，能很好地鍛鍊臂部、肩部、胸部以及背上部的肌肉。

【動作要領】兩手抓住單桿，兩臂伸直使身體自然下垂，用力屈臂上拉至喉部超過橫桿，稍停後身體下落。以此重複練習。

### 6.站姿提踵

【動作要領】站立於小腿訓練器上，腳掌置於踏板上，重力墊置於雙肩。身體挺直，腳跟抬起，盡力向上提拉小腿，然後慢慢還原。提拉時呼氣，還原時吸氣。以此重複練習。

### 7.超人式拉伸

【動作要領】趴於地上，用力緊繃抬起對稱的一條胳膊和一條腿，堅持3～5秒，然後還原初始動作，變換方向做相同練習。以此重複練習。

### 8.跪地後踢腿

【動作要領】兩膝跪地，雙手撐地，胳膊伸直，將一條腿後蹬。後蹬多次後再換另一條腿後蹬多次。以此

重複練習。

### 9.雙腿沖天

【動作要領】雙腿沖天有兩種動作，一種動作是仰臥於地上，兩手抱頭，雙腿上舉與地面垂直。抬起上身，用兩手接觸雙腳，然後還原。以此重複練習。

另一種動作是，仰臥於地上，雙手置於身體兩側，然後用力使臀部離地，雙腿向頭部後上方抬起。以此重複練習。

### 10.屈伸腿

【動作要領】仰臥於地上，兩手抱頭，抬起雙腿，膝蓋彎曲。

### 11.變換訓練

【動作要領】仰臥於地上，兩腿彎曲，腳掌觸地，把兩腿向胸部拉伸。手臂也有多種姿勢，置於身體兩側、抱住頭、交叉置於胸前、交叉舉過頭部等。

# 彩色圖解太極武術

# 歡迎至本公司購買書籍

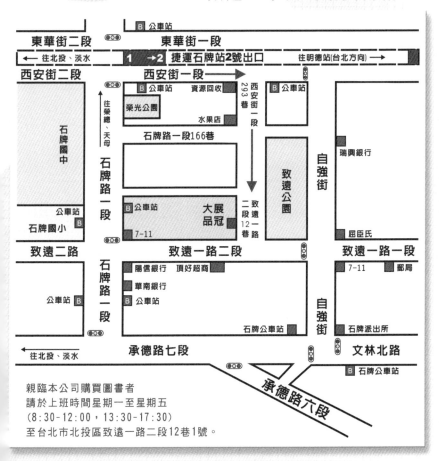

親臨本公司購買圖書者
請於上班時間星期一至星期五
(8：30-12：00，13：30-17：30)
至台北市北投區致遠一路二段12巷1號。

建議路線
1.搭乘捷運
　　淡水信義線石牌站下車，由月台上二號出口出站，二號出口出站後靠右邊，沿著捷運高架往台北
方向走(往明德站方向)，其街名為西安街，約80公尺後至西安街一段293巷進入(巷口有一公車站牌，
站名為自強街口，勿超過紅綠燈)，再步行約200公尺可達本公司，本公司面對致遠公園。

2.自行開車或騎車
　　由承德路接石牌路，看到陽信銀行右轉，此條即為致遠一路二段，在遇到自強街(紅綠燈)前的巷
子左轉，即可看到本公司招牌。

國家圖書館出版品預行編目資料

美國精銳部隊搏擊術／王紅輝　編著
——初版——臺北市，大展，2019〔民108.10〕
面；21公分——（格鬥術；6）
ISBN 978-986-346-266-8　（平裝）
1. 武術
528.97　　　　　　　　　　　　　108013137

# 美國精銳部隊搏擊術

編　　著/王　紅　輝
責任編輯/徐　俊　杰
發 行 人/蔡　森　明
出 版 者/大展出版社有限公司
社　　址/台北市北投區（石牌）致遠一路2段12巷1號
電　　話/（02）28236031・28236033・28233123
傳　　真/（02）28272069
郵政劃撥/01669551
網　　址/www.dah-jaan.com.tw
E-mail/service@dah-jaan.com.tw
登 記 證/局版臺業字第2171號
承 印 者/傳興印刷有限公司
裝　　訂/眾友企業公司
排 版 者/千兵企業有限公司
授 權 者/山西科學技術出版社
初版1刷/2019年（民108）10月

定　價/240元

大展好書　好書大展
品嘗好書　冠群可期

大展好書　好書大展

品嘗好書　冠群可期